——————————— 님의 소중한 미래를 위해

이 책을 드립니다.

세상에서
가장 친절한
재개발·재건축

장귀용 지음

세상에서 가장 친절한 재개발·재건축

성공투자를 위한
재개발·재건축
실전오답노트

메이트북스

메이트북스 우리는 책이 독자를 위한 것임을 잊지 않는다.
우리는 독자의 꿈을 사랑하고,
그 꿈이 실현될 수 있는 도구를 세상에 내놓는다.

세상에서 가장 친절한 재개발·재건축

초판 1쇄 발행 2022년 10월 20일 | **지은이** 장귀용
펴낸곳 ㈜원앤원콘텐츠그룹 | **펴낸이** 강현규·정영훈
책임편집 박은지 | **편집** 안정연·남수정 | **디자인** 최정아
마케팅 김형진·정호준 | **경영지원** 최향숙 | **홍보** 이선미·정채훈
등록번호 제301-2006-001호 | **등록일자** 2013년 5월 24일
주소 04607 서울시 중구 다산로 139 랜더스빌딩 5층 | **전화** (02)2234-7117
팩스 (02)2234-1086 | **홈페이지** www.matebooks.co.kr | **이메일** khg0109@hanmail.net
값 16,000원 | **ISBN** 979-11-6002-384-8 03320

좋은 집이란 구입하는 것이 아니라
만들어지는 것이어야 한다.
• 조이스 메이너드(소설가) •

서울과 수도권 주택공급의 핵심은 재개발·재건축이다

재개발·재건축은 필자가 건설부동산 분야를 담당하면서 꾸준히 관심을 가져온 분야다. 재개발·재건축이 서울과 수도권 주택공급의 핵심이기도 했고, 수많은 이해관계와 그 사이에서 발생하는 다양한 문제가 언제나 새로운 느낌을 주는 '살아 있는' 분야라고 생각했기 때문이다.

필자가 보기에 재개발·재건축은 '인간 사회'의 다양한 군상이 민낯을 드러내는 분야다. 각자 자신의 재산권을 지키기 위해 고군분투하고, 그로 인해 갈등을 빚기도 한다. 실제로 재개발·재건축 사업에서는 항상 갈등이 있다. 조합원끼리 반목하기도 하고, 조합에 불만을 가지기도 한다. 조합도 시공사를 비롯한 협력업체와 크고 작은 협상을 해야 한다.

이런 관점에서 볼 때 재개발·재건축 사업의 성패 여부는 인간관계에서의 갈등을 해결하는 데 달려 있다고 해도 과언이 아니다. 그렇기 때문에 성공적인 재개발·재건축 사업을 위해선 건설 분야에 대한 지식도 중요하지만 사람에 대한 이해가 무엇보다도 필요하다.

'재개발·재건축 투자자와 예비투자자에게 가장 도움이 되는 내용이 무엇일까'는 필자가 재개발·재건축과 관련한 책을 쓰기로 하면서 화두話頭로 삼았던 문장이다.

시중에 나와 있는 재개발·재건축 서적 대부분은 유망지역을 소개하거나 투자가치를 분석하는 방법론에 관한 것이다. 이런 내용은 너무 많이 나와 있기도 하고, 시간이 지나 상황이 변하면 쓸모가 줄어든다는 생각이 들었다.

유망지역에 대한 설명은 개발이 완료되고 나면 쓸데가 없는 한시적 정보다. 부동산 시장 상황과 개발 호재 등 후발 변수에 따라서도 가치가 달라진다.

투자가치 분석은 제대로 이야기하려면 한도 끝도 없이 고도의 전문성을 요구하는 분야다. 전문가가 될 것이 아니라면 너무 깊게 알 필요도 없다. 그에 비해 이 책에서 다루는 단계별 진행 상황과 그 상황 속에서 발생할 수 있는 갈등요소는 재개발·재건축이라는 제도가 있는한 계속 유효하다. 필자는 꾸준한 취재활동을 통해 정보와 사례를 수집했다.

이 책을 읽고 나면, 뻔한 이야기라는 생각이 들지도 모른다. 하지만 『논어』, 『도덕경』, 『반야심경』, 『성경』 등 널리 읽히는 고전古典은 원래 뻔한 소리가 아닌가 싶다. 그러나 뻔하면서도 이해관계에 매몰되면 놓치기 쉬운 것들을 일깨워주는 것이 고전이 가지는 가치라고 생각한다.

물론 투자지침서로 쓰인 이 책이 훌륭한 고전과 같을 순 없다. 하지만 투자자들이 재개발·재건축의 본질을 들여다보고, 각종 문제에 당면했을 때 힌트를 얻기 위해 찾아볼 수 있는 책이면 좋겠다.

책을 쓰면서 고마운 분들이 많다. 책을 낼 수 있게 도와주신 메이트북스 관계자분들과 책을 쓰는 내내 머리를 맞대고 같이 고민해준 윤정원 기자에게 우선 감사를 드리고 싶다. 그리고 취재 과정에서 날카로운 분석과 식견을 전달해주는 전문가분들에게도 늘 감사한 마음이다. 끝으로 필자가 기자로서 초심을 잃지 않게 지도해주신 최재목 영남대학교 교수님과 기자 선후배들에게 고마운 마음을 전한다.

희루재(希陋齋)에서

장귀용

차례

재개발·재건축이 뜨는 이유
주거문제의 유일무이한 해법

출항 전부터 선원들이 단합하기
조합설립 전후 벌어질 일들

3장 선장보다 중요한 항해사·기관장 뽑기
협력사·관계사의 중요성

4장 밑그림을 잘못 그리면 덧칠로 허송세월이다
인허가 단계에서 주의할 점

5장 '주는 돈, 받는 돈'은 결국 조삼모사
관리처분 때 손해 안 보는 법

6장 청약작전이 늘어지면 사상자가 속출한다
이주·철거 전략

7장 쓸 땐 쓰고 아낄 땐 아껴야 명품단지가 된다
품질과 비용의 상관관계

8장 성공한 사업은 마무리가 좋다
입주와 조합 해산

재개발·재건축은 개발이 완료된 도심에서 대규모로 주택을 공급할 수 있는 방법이다. 재개발은 낙후지역의 주거환경을 단박에 개선한다. 재건축은 기존에 생활 인프라가 갖춰진 곳을 좀더 고밀화하는 사업이다. 특히 재건축은 앞으로 피할 수 없는 대세이자 과제다. 재건축 연한인 30년을 넘어서는 단지가 갈수록 기하급수적으로 늘어나기 때문이다. 재개발·재건축 투자를 마음먹었다면 입지, 사업성, 사업 속도 등을 기반으로 투자가치가 높은 지역을 찾아야 한다.

1장

재개발·재건축이
뜨는 이유

주거문제의 유일무이한 해법

이제는 재개발·재건축이 부동산 투자의 답이다

사업을 얼마나 잘 진행하느냐에 따라서 집값도 엇갈릴 전망이다. 재개발·재건축 투자를 고민하고 있다면 어느 단지의 수익성이 클지 따져보고 수익실현에 걸리는 시간까지 고려해서 발 빠르게 움직여야 한다.

재개발·재건축은 이미 개발이 완료된 도심에서 대규모로 주택을 공급하는 몇 안 되는 방법이다. 우리나라처럼 대도시 중심으로 인구가 밀집한 곳은 주택의 공급이 수요를 따라가기가 힘들다. 게다가 도시는 여기에 교육여건까지 앞서 있기 때문에 인구를 분산시키기가 어렵다.

1990년대 초 노태우 정부가 추진한 1기 신도시부터 문재인 정부의 3기 신도시 등 정부는 신규 택지를 개발하는 방식으로 인구를 분산시키려고 했다. 하지만 이는 오히려 서울과 수도권의 인구집중화를 강화했다. 신도시를 만들며 일자리도 같이 만든다고 했지만, 판교 정도를 제외하면 서울에 있는 대기업의 일자리보다 연봉이나 복리후생에서 뒤처질 수밖에 없어 서울의 배후도시로 전락했기 때문이다.

그럼에도 2017년 출범한 문재인 정부는 여전히 재개발이나 재건축이 아닌 택지개발을 선호했다. 재개발·재건축은 소수의 조합원이 개발이익을 독점하는 사업이라고 믿어서다. 택지개발은 저렴한 비용으로 땅을 수용해서 대량 공급이 가능하다는 판단도 있었다. 문재인 정부가 재건축 안전진단을 강화하는 등 규제의 벽을 높게 세우고, 공공이 사업에 참여하는 각종 사업을 추진하고, 3기 신도시 등 택지공급에 나섰던 배경이다.

하지만 택지개발은 한계가 뚜렷한 사업이다. 현재에 이르러서는 수도권 대부분 지역이 개발된 상태다. 그렇기 때문에 택지를 개발하려면 외곽에서 땅을 찾아야 하는데, 외곽에는 변변한 일자리도 없고 교통망도 제대로 갖추어지지 않은 곳이 많다. 자족시설용지*에 일자리를 유치하려고 해도 만족스러운 성과를 내긴 어렵다. 그렇다보니 서울로 출퇴근하는 사람이 많고 이들을 위해 도로와 지하철 등 새로운 교통시설을 만드는 데 예산이 추가로 투입된다.

자족시설용지: 택지개발지구나 신도시를 만들 때, 자족기능을 강화하기 위해 일자리 창출과 관련한 시설을 지을 수 있도록 마련한 땅. 공장이나 업무시설, 연구소 등을 지을 수 있다.

그러나 기존 도심 내에 있는 주거시설을 좀 더 고층으로 탈바꿈해서 고밀화高密化하면 이런 추가 비용이 크게 들지 않는다. 특히 서울이나 수도권 대도시의 경우 웬만한 지역에는 지하철이 다니기 때문에 일터로 이동하는 것이 쉽다는 장점이 있다. 그렇기 때문에 전문가들도 재개발·재건축의 중요성이 갈수록 커질 것으로 보고 있는 것이다.

재개발은 낙후지역의 주거환경을 단박에 개선한다는 장점이 있다. 좁은 골목길과 오래된 주택이 들어선 전통부락은 교육여건도 좋지 않고, 치안도 불안하다. 하지만 정비사업을 하면 도로가 넓어져서 동네가 쾌적해지고 가구 수가 늘어남에 따라 인구도 증가해 상권도 활성화된다.

정부가 더 이상 가만히 있을 수 없다

재건축은 도로나 상권 등 기존에 생활 인프라가 갖춰진 곳을 좀 더 고밀화하는 사업이다. 언뜻 생각하면 재개발보다는 주거개선효과가 떨어진다고 생각하기 쉽다. 재건축을 하면 오히려 인구가 늘어나 교통이 불편해지는 측면도 있다.

그럼에도 재건축은 앞으로 피할 수 없는 대세이자 과제다. 지금 재건축 대상이 되는 아파트는 대부분 1970년에서 1990년대에 이르는 개발시대에 지어졌다. 당시 폭증하는 인구를 감당하기 위해 대량으로 빠르게 짓다 보니 문제가 많았다. 도면대로 지어지지 않은 곳도 많았고, 자재나 시공품질도 떨어졌다. 당시에는 위험한지 몰랐던 1급 발암물질인 석면도 널리 쓰였다(2009년에 이르러서야 석면이 위험물질로 밝혀져 건물에 쓰지 못하도록 했다).

준공연한별 수도권 아파트 가구 수

(단위: 가구)

준공연한	서울	인천·경기
1~4년	13.7만(7.9%)	61.2만(16.7%)
5~9년	17.3만(10%)	42만(11.4%)
10~14년	27만(15.7%)	69.8만(19%)
15~30년	84.5만(49.3%)	172만(46.9%)
30년 이상	29.3만(17%)	21.8만(5.8%)

자료: 2019년 통계청

통계청이 2019년 집계한 수도권지역의 준공연도별 가구 수와 비율이다. 준공 15년이 넘어가면 리모델링을 추진할 수 있다. 준공 30년이 지나면 재건축 추진이 가능하다. 수도권에는 1기 신도시 30만 가구 등 약 300만 가구가 이 순서대로 재건축 연한이 도래하고 있다. 이 때문에 정부에서도 8·16 대책을 통해 서울 등 주요 지역의 정비구역 지정을 서두르고, 2024년까지 1기 신도시 재건축 마스터플랜을 만들겠다고 발표했다. 조선일보 땅집고 "올해도 집값은 계속 오른다…주목할 곳은 이 5곳"(2021년 5월) 기사 발췌.

재건축을 눈여겨봐야 할 이유는 또 있다. 통계청에 따르면 서울에서 재건축을 시작할 수 있는 연한인 준공 30년을 넘어선 단지는 2019년 기준 29만 3,000여 가구다. 인천·경기 등 수도권까지 범위를 확대하면 51만 가구가 넘는다. 특히 경기도에 위치한 1기 신도시 30만 가구는 재건축 연한에 차례로 진입하고 있다.

더 큰 문제는 이들 뒤에 더 많은 아파트가 재건축을 기다리고 있다는 것이다. 준공 15~30년 된 단지만 해도 서울 84만 5,000가구, 인천·

경기가 172만 가구다. 이들까지 합치면 재건축을 염두에 두고 있는 단지는 300만 가구가 넘는 실정이다.

정부도 이들 단지의 재건축을 언제까지 막아둘 수는 없는 노릇이다. 결국 어느 단지가 더 빨리 사업을 진행하느냐에 따라서 집값도 엇갈릴 전망이다. 재개발·재건축 투자를 고민하고 있다면 어느 단지의 수익성이 클지 따져보고 수익실현에 걸리는 시간까지 고려해서 발 빠르게 움직여야 한다.

재개발·재건축이란 무엇이고 어떤 것인가

모든 도시정비사업은 기존 원주민(조합원)이 자신이 가진 땅을 출자해서 새집을 짓는다는 공통점이 있다. '일부 땅에 대한 권리(대지지분)'를 조합원이 입주하고 남는 새집과 함께 일반분양자에게 파는 구조다.

재개발과 재건축은 일명 '도정법'으로 불리는 '도시 및 주거환경정비법'에 따라 도시기능의 회복이 필요하거나 주거환경이 불량한 지역을 계획적으로 정비하고 효율적으로 개발하는 사업이다. 도로와 주거환경 등 기반시설이 많이 열악한 곳에서는 정부와 공공기관의 주도로 주거환경개선사업이 추진된다. 민간이 주도해 기반시설을 개선할 수 있는 곳에서는 재개발이 진행된다. 기반시설은 갖췄지만 건물이 많이 노후화된 곳에서는 재건축 사업이 추진된다.

모든 도시정비사업은 기존 원주민(조합원)이 자신이 가진 땅을 출자해서 새집을 짓는다는 공통점을 가진다. 그리고 '일부 땅에 대한 권리(대지지분)'를 조합원이 입주하고 남는 새집과 함께 일반분양자에게

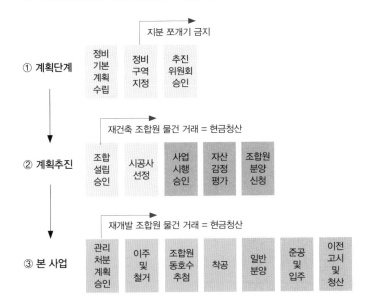

① 계획단계

지분 쪼개기 금지

정비 기본 계획 수립 / 정비 구역 지정 / 추진 위원회 승인

② 계획추진

재건축 조합원 물건 거래 = 현금청산

조합 설립 승인 / 시공사 선정 / 사업 시행 승인 / 자산 감정 평가 / 조합원 분양 신청

③ 본 사업

재개발 조합원 물건 거래 = 현금청산

관리 처분 계획 승인 / 이주 및 철거 / 조합원 동호수 추첨 / 착공 / 일반 분양 / 준공 및 입주 / 이전 고시 및 청산

재개발·재건축(도시정비사업) 사업추진 절차다. 도시정비사업은 기본계획수립을 시작으로 여러 단계의 인허가 절차를 거쳐서 진행된다. 주민들의 재산을 재원으로 조합을 설립해서 추진하는 민간사업이면서, 주거환경과 도시경관 등을 개선하는 공익적 성격을 가지기도 한다.

파는 구조다.

도시정비사업은 지역이나 규모에 상관없이 진행 절차도 동일하다. 각 단계는 크게 계획단계와 추진단계, 본 사업으로 나눌 수 있다. 먼저 정비기본계획이 수립되고 구역지정이 이루어진 뒤 추진위원회와 조합설립 과정을 거친다. 이후 사업시행인가를 받고 그 전후로 시공사

를 선정한다. 이후 기존 자산에 대한 가치 평가가 이루어지고, 관리처
분인가를 받는다. 관리처분계획이 인가되면 이주와 철거가 진행되고
이후 착공과 일반분양, 준공 및 입주가 진행된다. 일련의 과정을 마무
리하면 이전 고시와 함께 남은 자산을 매각하고 조합을 청산한다.

재개발·재건축은 청약을 하지 않고도 새집을 마련할 수 있고, 일반
분양자보다 좋은 층과 동, 평면을 미리 배정받을 수 있다는 장점이 있
다. 반면 사업추진 과정에서 발생하는 위험부담을 감수해야 한다. 부
동산 시장의 변화에 따라 수익이 달라지고, 각종 정책이나 조합 내부
의 문제 등 변수에 따라 사업기간이나 비용이 늘어날 수 있다.

그래서 재개발·재건축 투자를 성공하는 지름길은 자신이 가진 권
리를 제대로 파악하고, 이 권리가 얼마만큼의 가치를 지니고 있는지
를 정확히 계산하는 것에서부터 시작한다.

🏢 재개발이란 어떤 것인가

재개발 사업은 기반시설이 열악한 곳에서 도시환경을 개선하는 사
업이다. 기존의 주거환경이 낙후된 지역을 철거하고 도로와 상하수
도, 주택 등을 새로 짓는다. 그래서 주거환경뿐 아니라 도시환경 개선
효과도 크다. 이 때문에 재개발은 공공사업 성격을 가진다.

재개발은 부지 내 땅이나 건물을 가진 '토지등소유자'가 주축이 되

2021년 서울 동작구 한남3재정비촉진구역(한남3구역) 모습. 한남3구역은 역대 최대 재개발 사업으로 불린다. 재개발 사업은 기반시설이 열악한 곳에서 도시환경을 개선하는 사업으로, 아파트 등 주거시설뿐 아니라 도로와 상하수도 시설도 개선하므로 도시환경 개선효과가 크다.

어 추진된다. 이 때문에 재개발은 사업에 대한 동의 여부에 상관없이 모든 토지등소유자가 조합원이 된다.

가로주택정비사업도 작은 범위의 재개발로 볼 수 있다. 반대로 뉴타운사업은 재개발 사업의 여러 구역을 합쳐놓은 대단위 계획이다.

재개발 동의율 요건은 다음과 같다. 토지등소유자 절반의 동의를 얻으면 추진위원회를 설립한다. 추진위원회는 토지면적 1/2 이상, 토지등소유자 3/4 이상의 동의를 얻어서 조합설립 총회를 열고 지자체의 승인을 얻어 조합을 설립한다.

재개발의 가장 큰 특징은 저층 주거지를 고층 주거지로 탈바꿈시킨다는 것이다. 재건축보다 도로나 공원 등 기반시설을 새로 짓는 비용이 더 많이 들지만, 일반분양을 더 많이 할 수 있다는 장점이 있다. 그래서 일부 재개발 사업지에서는 조합원이 분담금을 내지 않고 사업 후에 오히려 돈을 받는 곳도 있다.

만약 재개발 사업에 동의하지 않는다면 사업시행계획 승인 후 '조합설립부동의서'를 내 현금청산*을 받을 수 있다. 조합원 분양신청을 하지 않는 경우에도 현금청산된

현금청산: 아파트를 분양받지 않기로 결정하고 본인이 소유한 토지나 건물에 대한 보상을 현금으로 받는 것.

다. 조합원 분양신청은 사업시행계획 승인 고시 120일 내에 이루어진다. 이외에 관리처분 계획 때 분양대상자에서 제외된 경우에도 현금청산된다.

현금청산 대상이 되면 조합 측으로부터 보상금액을 제시받을 수 있다. 만약 보상금액이 마음에 들지 않으면 제소기간 내에 이의를 제기하거나 소송을 걸 수 있다. 해당 절차는 수용재결, 이의재결, 행정소송의 3단계에 걸쳐서 진행된다. 청산금은 감정평가액을 기준으로 정해진다.

노후도: 해당 지역에서 지은 지 20년이 넘은 건물의 비율.

주거정비지수제: 서울시에서 재개발 사업 시 주민동의율과 건물의 노후도 등을 부문별로 상세히 점수화해 일정 점수 이상이 되어야 재개발 사업 신청을 할 수 있게 한 제도.

재개발은 노후도* 관리가 필요하다. 재개발은 통상적으로 노후도가 67%가 넘어야 한다. 2021년 오세훈 시장이 주거정비지수제*를 폐지했지만, 노후도 등 주요 지표는

여전히 구역 선정의 중요한 기준으로 쓰이고 있다. 오세훈 시장이 도입한 '모아타운'도 노후도가 56% 이상이어야 한다.

모아타운: 소규모주택정비 관리 지역을 일컫는 말. 대규모 재개발이 어려운 노후 저층 주거지의 새로운 정비모델인 '모아주택'을 블록 단위로 모아 단지화를 이루는 개념.

간혹 개발을 기다리지 못하고 신축빌라를 짓는 소유주가 있다. 이런 신축빌라나 주택이 많아지면 전체 노후도 비율이 떨어져 재개발이 무산될 수 있다. 실제로 서울시에 따르면 전체 면적에서 저층 주거지가 차지하는 비중은 41.8%나 되지만, 이 중 87%가 노후도 등 재개발 요건을 충족하지 못해 방치되고 있다.

재개발을 하고 싶은 주민 입장에서 노후도는 큰 골칫거리다. 자기 땅의 오래된 낡은 주택을 허물고 빌라 같은 새 건물을 짓는 것은 정당한 재산권 행사다. 이웃 주민이 재개발을 위해 새 건물을 짓지 말라고 할 권리가 없다.

구역 지정 직전에 새 빌라를 짓는 '지분 쪼개기'가 제일 얄밉다. 권리산정일 이전에 지분 쪼개기가 되면 빌라 내 각 세대를 분양받는 사람 모두가 조합원이 된다. 조합원이 늘어나면 재개발의 사업성이 떨어진다.

이러한 일을 방지하기 위해서는 관할 지자체가 건축 인허가 절차를 까다롭게 할 필요가 있다. 재개발로 건물을 허물어야 하는 곳에 새 건물을 짓도록 허가하는 것은 불필요한 자원낭비와 환경파괴를 유발하는 행위다. 공공의 입장에서도 적극적으로 개입할 필요가 있다.

서울 성북구 성북5구역은 노후도 관리 때문에 재개발이 무산된 대표적인 곳이다. 원래 성북3구역으로 불렸던 이곳은 여러 가지 문제로 재개발을 하지 못하다가 2011년 당시 박원순 서울시장 때 재개발 정비구역에서 직권 해제되었다.

문제는 이 과정에서 저층 단독·다가구 주택 밀집구역에서 1년 동안 신축빌라가 60여 가구나 늘어났다는 것이다. 그 결과 성북5구역은 30년이 넘는 노후 건물 수는 84%에 달했음에도 연면적 노후도가 44%로 낮아지게 되었다. 결국 이곳은 노후도 조건을 충족하지 못해 일반 재개발뿐 아니라 공공이 주도한 1차 공공재개발에서도 탈락했다.

재건축이란 무엇인가

재건축은 도로 등 기반시설이 이미 어느 정도 갖추어진 곳을 정비하는 사업이다. 보통 공동주택(아파트) 밀집지역을 대상으로 진행된다. 이 때문에 도시환경 개선효과보다는 주거환경 개선효과가 더 크다.

재건축은 재개발과 다르게 사업에 동의한 사람만 조합원이 된다. 사업에 동의를 하지 않은 소유주는 조합설립 단계에서 매도청구 대상이 된다. 재개발은 도로나 땅만 가지고 있어도 조합원이 되고 분양을 받을 수 있지만, 재건축은 땅(대지지분)과 집(주택)을 같이 소유하고 있어야 한다. 도로 등 소유자는 조합원이 될 수 없다.

2019년 촬영한 서울 서초구 반포주공1단지 3주구의 재건축 사업 이전 모습. 재건축 사업은 기존에 지어진 아파트 등 주거시설을 허물고 새 주택을 짓는 사업이다. 도로 등 인프라가 이미 갖춰진 곳이 많기 때문에 '주거환경 개선'을 주목적으로 한다.

재건축 조합을 설립하려면 토지면적 2/3 이상, 전체 구분소유자 3/4 이상, 동별 구분소유자 과반수 동의 요건을 모두 충족해야 한다.

재건축의 또 다른 특징은 정비구역 지정 전에 안전진단을 통과해야 한다는 것이다. 안전진단은 구역 내 소유자 1/10 이상의 동의를 얻어서 진행한다. 통상적으로 예비안전진단을 먼저 받고, 이후 본 안전진단을 실시한다. 안전진단은 주거환경평가, 건축마감 및 설비 노후도 평가, 구조 안전성평가, 비용분석의 각 항목별로 평가를 진행하고 사전에 정해진 가중치를 반영해 합산한다.

안전진단을 받은 단지는 점수별로 A부터 E까지 등급이 매겨진다. E와 D는 바로 재건축이 가능하다. C등급은 정부가 지정한 기관에서 적정성 검토를 받아 통과해야 한다. 적정성 검토를 통과하지 못하면 예비 안전진단부터 다시 절차를 밟아야 한다. B등급은 리모델링만 가능하다.

안전진단을 실시하려면 가구 수에 비례해서 비용이 든다. 통상적으로 1억~2억 원가량이 필요하다. C등급을 받고 적정성 검토에서 재건축이 불가능해진 단지가 간혹 있는데, 고스란히 비용을 날리게 되는 것이다.

안전진단은 조합설립 전에 진행되는 것이기 때문에 주민들이 비용을 각출해야 한다. 강제성이 없기 때문에 참여율이 높지 않으면 부담이 늘어난다.

최근에는 안전진단 비용을 지원하는 지자체도 늘고 있다. 경기도 내 상당수의 시가 재건축이나 리모델링 안전진단 비용을 도비道費와 시비市費로 지원한다. 이 경우 지원가능한 건축연한이 별도로 정해져 있기 때문에 각 시·군·구의 조례를 잘 확인해서 지원하면 된다.

가령 광명시는 내부지침에 따라 만 35년이 지난 아파트에 광명시 도시·주거환경정비기금(50%) 및 경기도 도시·주거환경정비기금(50%)으로 재원을 조달해 안전진단 용역비용을 지원하고 있다. 재건축 가능 연한인 30년에서 5년이 더 지나야 지원금을 신청할 수 있는 것이다. 이외에 과천시, 수원시, 안양시, 용인시, 남양주시 등도 안전진단 비용을 지원하고 있다.

서울시 내에 위치한 재건축 단지는 안전진단 비용을 지원받을 수 없다. 서울시 「도시 및 주거환경정비법」 조례 제9조에 "안전진단 실시를 요청하는 자가 안전진단에 드는 비용 전부를 부담해야 한다"라고 명시되어 있어서다. 이 때문에 서울시 25개 자치구는 안전진단 비용을 지원하고 싶어도 상위 조례인 서울시 조례에 막혀서 관련 조항을 만들 수 없다.

실제로 유영주 양천구의원(더불어민주당)은 2022년 1월 안전진단 비용을 지원할 수 있는 조례안을 발의했지만, 서울시 조례와의 정합성 등이 문제가 되면서 의결에 실패했다. 조례안에는 도시·주거환경정비기금을 설치해 노후단지들의 재건축 정밀안전진단 용역과 정비계획수립, 정비기반시설설치 등을 지원하는 내용이 담겼다.

아직 연한이 남은 단지라면 조례 개정을 기대해보는 것도 좋다. 상위법인 「도시 및 주거환경정비법(도정법)」은 "정비계획의 입안권자는 안전진단에 드는 비용을 해당 안전진단의 실시를 요청하는 자에게 부담하게 할 수 있다"고 규정해놓았다. 비용 여부를 임의에 맡겨놓은 셈이다. 조례가 개정되면 안전진단 비용을 지원받을 수 있게 된다.

재개발·재건축 투자 전에
꼭 알아야 할 필수용어 4가지

여기에서는 투자 전 분석을 위한 필수용어를 다룬다. 대지권, 용적률, 용도 지역, 프리미엄은 투자 전에 미리 알아야 할 필수용어다. 이 용어들의 의미를 알고 투자매물을 살펴보면 대략적인 가치 평가를 할 수 있다.

재개발·재건축 투자를 하다 보면 생소한 용어를 많이 접하게 된다. 용어 때문에 제대로 된 내용을 파악하지 못할 정도다.

이 책은 재개발·재건축 사업 단계별로 관련 내용과 리스크를 설명하기 때문에 자세한 용어 설명은 각 장마다 별도로 할 예정이다. 이 글에서는 투자 전 분석을 위한 필수용어를 다룬다. 대지권, 용적률, 용도 지역, 프리미엄은 투자 전에 반드시 미리 알아야 할 필수용어다. 이 용어들의 의미를 알고 투자매물을 살펴보면 대략적인 가치 평가를 할 수 있다.

대지권

대지권은 건물의 구분소유자가 건물이 세워진 대지에 대해 가지고 있는 권리다. 쉽게 말해 전체 부지에서 해당 조합원 매물이 가지고 있는 땅의 면적과 그 비율이다. 흔히 '대지지분'으로 불린다. 대지권은 등기부등본에서 누구나 확인할 수 있다.

표시번호	접 수	소재지번,건물명칭 및 번호	건 물 내 역	등기원인 및 기타사항
			9층 846.32m² 10층 846.32m² 11층 846.32m² 12층 846.32m² 13층 846.32m² 14층 846.32m² 옥탑 68.88m² 지하층 728.96m²	

(대지권의 목적인 토지의 표시)

표시번호	소 재 지 번	지 목	면 적	등기원인 및 기타사항
1 (전 2)	1. 서울특별시 강남구 압구정동 455	대	16033m²	1992년2월15일 부동산등기법시행규칙부칙 제3조 제1항의 규정에 의하여 1998년 11월 02일 전산이기

【 표 제 부 】 (전유부분의 건물의 표시)

표시번호	접 수	건 물 번 호	건물내역	등기원인 및 기타사항
1 (전 1)	1977년12월26일		철근콘크리트조 82.23m²	도면편철장 제14책163장 부동산등기법시행규칙부칙 제3조 제1항의 규정에 의하여 1998년 11월 02일 전산이기

(대지권의 표시)

표시번호	대지권종류	대지권비율	등기원인 및 기타사항
1 (전 1)	1, 2, 3, 4, 5, 6, 7, 8, 9, 10, 11, 12, 13, 14, 15, 16, 17 소유권대지권	4850분의 17.639	1986년6월18일 대지권 1986년6월18일

서울 강남구 압구정동 현대아파트의 등기부등본. 등기부등본에는 건물 현황과 함께 해당 건물에 해당하는 토지에 대한 권리인 '대지권'도 나와 있다. 대지권은 기존 재산가치 평가에 큰 비중을 차지하기 때문에, 도시정비사업에서 분담금과 조합원 분양가 등을 매길 때 중요한 지표가 된다.

대지권이 중요한 이유는 재개발·재건축은 보유한 땅의 가치가 중요하기 때문이다. 노후화가 심한 재개발 내 주택이나 준공 30년이 넘은 재건축 단지는 건물의 가치가 사실상 없다. 조합원의 부동산에 매겨지는 평가금액인 '권리가액'은 대지지분에 따라 결정된다.

재개발·재건축 단지가 수익을 올리는 방법인 일반분양도 기존 입주자인 조합원이 갖고 있던 대지지분을 조금씩 떼서 파는 행위로 볼 수 있다. 조합원이 준공 이후에 더 넓은 집을 받거나 1+1 등 여러 채의 집을 받더라도 대지지분의 합은 이전보다 줄어드는 것도 그 이유다.

중요한 점은 똑같은 면적의 주택이라도 대지지분이 다르다는 것이다. 건물이 들어선 대지의 크기가 다르고 가구 수가 다르기 때문에 실제 보유한 땅의 크기도 다를 수밖에 없다. 보유한 땅의 크기가 다르기 때문에 내야 할 분담금도 달라지고, 사업성도 차이가 난다.

실제 사례를 통해 살펴보자. 서울 노원구 상계동 상계주공 10단지와 9단지는 도로 하나를 두고 마주보고 있다. 단지규모도 2,654가구와 2,830가구로 큰 차이가 없다. 준공일도 한 달 터울이다. 두 단지의 매매 가격도 비슷하다.

하지만 두 단지의 각 주택형의 대지지분을 살펴보면 차이가 크다는 것을 알 수 있다. 등기부등본에 따르면, 상계주공 10단지 전용 59m²의 대지지분은 33.8m²다. 반면 상계주공 9단지 전용 59m²의 대지지분은 28.5m²다. 같은 면적의 주택이지만 대지지분은 5.3m²(약 1.6평) 차이가 난다. 2022년 3월 기준 상계주공 일대 3.3m²(1평)당 평균 권리가액은

1,600만 원 정도로 두 주택의 권리가액은 2,500만 원 이상 차이가 난다.

간혹 맞붙은 단지끼리 대지권이 얽혀 있을 수도 있다. 건축주가 땅을 매입하고 아파트를 짓는 과정에서 필지가 서로 다른 단지에 걸쳐 있었던 경우다. 이 경우 재건축을 하려면 두 단지를 통합해서 추진해야 한다.

그런데 이 경우 대부분 서로 보유한 대지지분의 크기가 다르거나 이해관계가 맞지 않아 어려움을 많이 겪는다. 토지를 수용해서 한꺼번에 여러 단지를 짓는 한국토지주택공사(LH)나 서울주택도시공사(SH) 등 공공이 시행한 곳에서 이런 사례가 많이 보인다.

실제로 서울 강남구 개포동 대치2단지와 대치1단지는 서로 대지권이 얽혀 있다. SH공사가 토지를 한꺼번에 수용해서 아파트 단지를 만들면서 필지 정리를 하지 않았기 때문이다. 결국 중간에 있던 필지를 2개 단지가 공유하는 상황이 되었다. 이 두 단지가 재건축을 하려면 공동으로 사업을 추진하는 수밖에 없다.

하지만 두 단지 주민의 대지지분이 달라 재건축에 대한 입장 차가 생겼다. 임대가구 비율이 높은 1단지는 재건축 자체에 부정적인 주민이 많았다. 2단지는 재건축을 하자는 주민과 리모델링을 하자는 주민으로 의견이 갈렸다. 재건축을 하자는 주민들도 '행정 민원을 통해 1단지와 분리를 하자'는 주민과 '공동 재건축을 하자'는 의견으로 나뉘었다. 결국 2단지가 단독 리모델링을 하는 것으로 방향이 정해졌지만, 여전히 재건축을 하자는 주민들과 갈등을 빚고 있다.

🏙 용적률

 용적률은 대지 면적에 대한 건축물 지상층 연면적의 비율이다. 우
리나라에서는 법으로 일정 용적률을 넘지 못하게 해놓았기 때문에 기
존 용적률과 법정한계 용적률만 알아도 대략적인 사업성을 평가할 수
있다. 용적률을 보면 가구당 대지지분도 얼추 가늠할 수 있다.

 용적률이 낮으면 그만큼 대지지분을 나눠 가진 소유주도 적다는 의
미다. 용적률이 낮은데 각 가구의 면적이 크면 소유주는 더 줄어든다.
다시 말해 아파트를 짓고 나서 싼 값에 입주하는 '조합원'이 적다는 의
미다. 그만큼 일반분양을 많이 할 수 있어 사업성이 좋아진다.

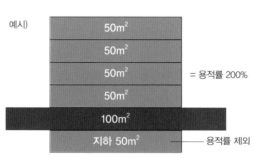

용적률 = (연면적/대지면적)×100

예시)

| 50m² |
| 50m² |
| 50m² | = 용적률 200%
| 50m² |
| 100m² |
| 지하 50m² | —— 용적률 제외

**용적률은 대지 면적에 대한 건축물 지상층 연면적의 비율을 말한다. 용적률은 도시정비
사업의 사업성을 평가할 때 1차적인 자료로 쓰인다. 지하층은 용적률 계산에서 제외된
다. 다시 말해 지하 주차장의 층수를 늘려도 용적률은 늘어나지 않는다.**

하지만 용적률이 낮다고 해서 무조건 안심할 순 없다. 도시계획상 층수나 고도를 제한하는 곳들이 있기 때문이다. 수도권 내에는 꽤 많은 지역이 비행안전구역으로 지정되어 고도제한을 받고 있다. 서울 남산 등 자연환경 보존과 경관, 조망을 위해 층수와 고도를 따로 제한하는 곳도 있다.

실제로 경기도 성남시의 경우 수정구에 위치한 '서울공항'으로 인해 고도제한이 적용된다. 성남시에 지정된 비행안전구역은 성남시 전체 면적(141.8㎢)의 58.6%에 달한다. 이로 인해서 태평동·수진동·신흥동 일원의 재개발 단지와 야탑동·이매동 일원의 재건축 단지들은 층수와 높이에 제한을 받는다. 고도제한이 적용되는 단지와 그렇지 않은 단지의 가격이 적게는 수천만 원에서 많게는 억 단위까지 크게 난다.

간혹 오래된 아파트의 경우 전용면적 주택형별로 배분된 대지지분이 다른 사례도 있다. 전용면적은 작지만 대지지분은 면적에 비해 많은 식이다. 이 때문에 투자 전에 등기부등본을 통해 대지지분을 반드시 확인할 필요가 있다.

건폐율도 용적률과 함께 살펴야 한다. 건폐율은 대지 면적에서 건축물의 바닥 면적이 차지하는 비율이다. 허용되는 건폐율이 낮으면 좁은 면적에 건물을 올려야 한다. 그러면 같은 용적률이라고 하더라도 건물 높이가 높아진다. 이런 곳에서 만약 층수 제한이 있으면 용적률 한도를 다 채우지 못하고 건물을 지어야 한다.

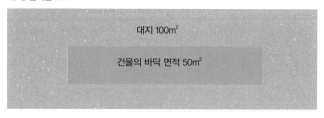

건폐율 = (건축면적/대지면적)×100

예시) 건폐율 50%

대지 100m²

건물의 바닥 면적 50m²

건폐율은 전체 대지에서 건물의 바닥 면적이 차지하는 비율을 말한다. 그러면 같은 용적률이라고 하더라도 건폐율에 따라 동간 거리와 건물 높이가 달라지기 때문에 중요한 규제사항으로 꼽힌다.

🏢 용도지역

용도지역이란 토지를 경제적·효율적으로 이용하고 공공복리를 증진하기 위해, 건축물의 용도나 건폐율, 용적률 등을 제한하기 위해 지역별로 가능 용도를 나눠놓은 것을 말한다. 용도지역은 전 국토의 모든 토지에 지정되어 있다.

용도지역 중 주택을 지을 수 있는 곳은 전용주거지역, 일반주거지역, 준주거지역 등이다. 각 용도지역은 법정 한도 내에서 광역지자체 조례를 통해 실제 한도를 제한해놓았다.

전용주거지역은 1종 전용주거지역과 2종 전용주거지역으로 나뉜다. 1종 전용주거지역은 건폐율 50% 이하, 용적률 50~100% 이하의 건물을 지을 수 있다. 2종 전용주거지역은 건폐율 50% 이하, 용적률 100~150%가 적용된다.

일반주거지역은 1·2·3종으로 구분된다. 1종 일반주거지역은 건폐율 60%, 용적률 100~200%다. 2종 일반주거지역은 건폐율 60%, 용적률 150~250%다. 3종 일반주거지역은 건폐율 50%, 용적률 200~300%가 적용된다.

준주거지역은 상업기능과 업무기능을 주로 하면서 주거기능도 하는 지역이다. 준주거지역에는 건폐율은 70%가 적용되고, 용적률은 200~500%다.

용도지역은 토지별로 지정하는 게 아니라 지역 일대를 넓게 지정하기 때문에 조금 더 세분화할 필요가 있다. 이때 등장하는 것이 '용도지구'다. 용도지구는 용도지역의 제한을 강화하거나 완화해 적용하는 역할을 한다.

'용도구역'은 용도지구와 마찬가지로 용도지역을 보완하기 위해 지정된다. 하지만 용도구역은 용도지역 위에 추가적으로 지정되는 용도지구와 달리 용도지역과 별개의 범위를 지정 가능하다는 점에서 차이를 지닌다. 주로 도심의 단계적 개발을 유도하거나 억제하기 위해 용도구역이 설정된다. '그린벨트'라고 알려진 개발제한구역이 용도구역에 해당한다.

🏢 프리미엄

　프리미엄은 매물의 가격에서 원래 매물이 가진 가치(권리가액)를 뺀 금액이다. 권리가액은 감정평가를 통해서 정해지는데, 통상적으로 개발 전 가치로 매겨진다. 이 때문에 개발 이후 새집의 시세는 권리가액보다 높아진다. 프리미엄은 높아질 가격을 기대하고 일명 '웃돈'을 얹어 조합원 매물을 사는 것이다.

　가령 10억 원에 나온 매물의 권리가액이 6억 원이라면, 이 건물의 프리미엄은 4억 원인 것이다. 여기에 만약 전세 가격이 3억 원이라면, 전세를 끼고 살 경우 실투자금은 1억 원이 된다.

　프리미엄을 주고 매물을 구입할 때는 실투자금 외에 추가 분담금도 같이 고민해야 한다. 분담금을 아직 납부하지 않았다면 추가 지출이 있는 만큼 가격을 지나치게 높이면 안 된다. 간혹 분담금을 납부한 매물의 경우에도 공사비 증액이나 돌발 리스크로 인해 추가 분담금이 나올 수 있다. 그래서 프리미엄을 얹어 입주권을 사는 경우 사업의 진행 정도와 리스크, 향후 변수 등을 꼼꼼히 따져보고 투자를 결정해야 한다.

재개발·재건축, 돈 되는 지역 찾는 3가지 키워드

'입지'는 사업장을 포함한 인근 지역이 가지고 있는 지리적 가치다. '사업성'은 얼마나 적은 비용으로 높은 수익을 올릴 수 있느냐를 평가한다. '사업 속도'로는 수익실현과 리스크에 따른 추가부담을 가늠할 수 있다.

재개발·재건축 투자를 마음먹었다면 투자가치가 높은 지역을 찾아야 한다. 전문가들은 투자가치를 평가할 때 '입지, 사업성, 사업 속도'와 같은 3가지 측면을 살핀다.

'입지'는 사업장을 포함한 인근 지역이 가지고 있는 지리적 가치다. '사업성'은 얼마나 적은 비용으로 높은 수익을 올릴 수 있느냐를 평가한다. '사업 속도'로는 수익실현과 리스크에 따른 추가부담을 가늠할 수 있다.

🏢 입지

입지는 생활환경을 얼마나 잘 갖추고 있는지 평가한 것이다. 입지는 땅값을 결정한다. 입지가 뛰어난 곳일수록 수요가 몰리고 집값이 비싸다.

부동산 하락기에도 입지가 뛰어난 곳은 다른 곳보다 가격방어가 잘 된다. 규제가 강화되어도 마찬가지다. 오히려 '똘똘한 한 채' 선호가 커지면서 수요가 더 몰리기 때문이다. 또한 상승기에는 상승기대로 자금이 몰리면서 집값상승을 앞장서서 이끈다.

주거를 위한 입지는 자연적 입지 조건과 사회·경제적 입지 조건으로 나눌 수 있다. 도시지역일수록 자연적 입지 조건보다는 사회·경제적 입지 조건이 가치 평가에 큰 영향을 끼친다.

자연적 입지는 해당 지역이 원래부터 가지고 있는 특성에서 비롯한 가치를 말한다. 배산임수 등 풍수지리적 요소부터 주변 녹지나 하천 등 휴게 공간의 여부, 넓게는 기후까지 자연적 입지에 포함된다.

사회·경제적 입지는 교육·교통·일자리·생활편의성 등을 통해 매겨지는 가치다. 사실상 집값을 결정하는 대부분 요소들이 사회·경제적 입지에 포함되어 있다.

실제로 우리나라에서 가장 집값이 비싼 강남의 경우 자연적 입지보다 사회·경제적 입지가 가격에 훨씬 큰 비중을 차지한다. 강남에서도 상대적으로 집값이 비싼 대치동이나 역삼동 지역을 가보면 곳곳이 경

대모산에서 바라본 강남 일대 전경. 강남 일대는 1970년대까지만 해도 농지와 늪이 대부분이던 미개발 지역이었지만, 현재는 명실상부한 대한민국의 중심입지가 되었다. 교통과 교육이 발달한 까닭에 건물과 땅의 가치가 높다. 강남은 우리나라에서 입지의 중요성을 이야기할 때 가장 흔하게 다루어지는 지역이다.

사진 언덕으로 이루어져 도보로 다니기가 불편하다. 한강을 북쪽에 두고 있어, 산을 북쪽에 강은 남쪽에 두는 것을 선호하는 우리나라 전통과도 배치된다. 그럼에도 강남의 집값이 비싼 것은 '8학군'으로 상징되는 우수한 교육환경과 바둑판식으로 넓게 조성된 도로, 촘촘한 지하철 교통망, 풍부한 양질의 일자리가 있어서다.

교육과 일자리, 교통 환경은 사회·경제적 입지 중에서도 가장 핵심으로 꼽힌다. 교육은 우리나라에서 집값에 큰 영향을 끼치는 대표적인 요소다. 맹모삼천지교孟母三遷之敎가 따로 없다. 중학교 진학부터 학군을 따지고, 아이들은 학원을 돌면서 하루를 보낸다. 요즘에는 3~4세부터 영어유치원까지 보내는 나라다.

교육환경이 갖춰진 곳은 비싼 전세가격이 매매가격을 떠받치고 있어 집값이 높게 유지된다. 학원가로 유명한 강남구 대치동 일대나 양천구 목동 일대는 집값 하락기에도 낙폭이 다른 곳보다 작고, 상승기에는 무서울 정도로 가파르게 집값이 오른다. 상승기에는 전세 가격이 폭등하면서 집값을 자극하고, 하락기에도 일정한 전세 수요가 있어 가격폭락을 막아주기 때문이다.

일자리도 집값에서 큰 비중을 차지한다. 우리나라는 자산 중에 집이 차지하는 비중이 큰 나라다. 그리고 집을 살 때는 대부분 대출을 이용한다. 양질의 일자리가 있는 곳일수록 높은 원금과 이자를 감당할 수 있는 사람이 많기 때문에 집값이 비싸진다.

실제로 서울 못지않은 일자리가 있는 곳들은 서울과 멀리 떨어져 있어도 집값이 비싸다. 경기도 성남시의 경우 판교 등 양질의 일자리가 있는 분당구와 성남 구도심의 집값 차이가 크다. 삼성전자 기흥공장과 가까운 동탄신도시와 삼성전자 평택 반도체 캠퍼스가 있는 평택시가 서울과 먼 거리임에도 불구하고 집값이 비싸진 것도 일자리가 가깝기 때문이다.

교통 환경은 갈수록 집값에 많은 영향을 주는 요소가 되고 있다. 이미 개발이 완료된 서울이나 근교 도시들은 주거와 일자리가 한곳에 있지 않다. 서울의 경우 광화문·종로일대 도심업무지구(CBD), 강남업무지구(GBD), 여의도업무지구(YBD)에 일자리가 몰려 있다. 다른 지역은 주거의 비중이 크다. 서울 근교 도시도 서울로 출퇴근하는 가구가 많다.

지하철이나 도로 등 교통망은 주거지역과 업무지역을 빠르게 이동할 수 있도록 만드는 역할을 한다. 실제로 최근에 3기 신도시 등 택지개발이 진행되고, 수도권 광역급행철도(GTX) 사업이 추진되면서 교통의 중요성이 더 커졌다.

경기도 내 대부분 지자체가 지하철 연장선이나 노선 신설에 사활을 걸고 있다. 지역에 지하철을 정차시킬 수 있으면 관련 추가 비용을 예산으로 지원하겠다는 곳도 많다.

이러한 원리를 알고 나면, 서울과 수도권에서 입지가 좋은 재개발·재건축 단지를 찾아내는 것도 어렵지 않다.

재건축의 경우 정부 차원에서 대규모 공급을 했던 지역이 좋다. 서울 내에서는 '저층 주공아파트'들이 대표적이다. 당시에는 주택을 공급하면서 교통망과 학교 시설을 같이 계획해서 대규모로 공급했다. 주공아파트는 그런 면에서 충분히 좋은 입지를 갖춘 곳이 많다.

특히 5~10층 규모의 저층 주공아파트는 재건축을 하면 일반분양을 그만큼 많이 할 수 있다. 일반분양으로 수익이 커지면 조합원의 부담이 줄어든다. 실제로 서울 서초구 반포주공1단지 등이 투자처로 인기가 있었던 이유다.

재개발지역은 교통망이 잘 갖춰진 곳을 위주로 살펴보면 좋다. 특히 1호선, 2호선, 5호선, 7호선, 9호선 등 업무지구로 환승 없이 갈 수 있는 노선 근처가 가치가 높다. 마포구의 아현뉴타운이나 성수동 일대, 노량진뉴타운·흑석뉴타운·이문휘경뉴타운 등에 투자자가 몰리는 것도 이러한 배경이 작용하고 있다.

🏢 사업성

사업성은 비용 대비 수익성이 얼마나 크냐를 평가한 것이다. 보통은 입지가 뛰어나면 사업성이 좋다. 땅값이 비싸기 때문에 분양가를 높게 책정해서 수익을 많이 거둘 수 있어서다. 그만큼 조합원의 부담금도 줄어든다. 사업성이 좋은 곳은 분담금을 내지 않거나 오히려 수익을 배분받을 수도 있다. 수요도 뒷받침되기 때문에 미분양 우려도 낮다.

입지가 뛰어나다 할지라도 사업성이 떨어질 수도 있다. 조합원이 너무 많거나 층수나 고도가 제한되어 일반분양을 많이 할 수 없는 경우다. 일반분양이 적을수록 수익이 줄어들기 때문이다.

분양은 조합원 분양과 일반분양으로 나뉘는데, 일반적으로 조합원 분양가가 일반분양가보다 낮게 책정된다. 분양가에서 자신의 권리가액을 뺀 금액만 내면 되기 때문에 조합 전체의 수익에는 큰 도움이 안 된다.

사업성을 파악하는 방법 중의 하나가 조합창립총회 책자나 관리처분계획 책자를 꼼꼼히 보는 것이다. 이런 자료에는 예상 사업비와 단지 규모, 마감재 등 사업성을 유추할 수 있는 내용이 많이 있다. 특히 각 항목이 차지하는 비율과 단가를 살펴보는 것도 중요하다.

비례율*도 사업성이 있는지 없는지 판단할 수 있는 대표적인 지표다. 통상적으로 비례율이 100%를 넘게 되면 비용보다 수익이 큰 사업이라는 뜻이다.

> **비례율:** 재개발·재건축 사업으로 분양하는 아파트와 상가의 총 분양가액에서 총 사업비용을 뺀 금액을 조합원들이 보유한 종전자산의 총 평가액으로 나눈 금액으로, 통상적으로 재개발·재건축 사업의 사업성을 평가할 때 쓰인다.

예비비도 중요한 항목이다. 예비비는 사업을 진행하면서 뜻하지 않은 추가 비용이 발생할 때를 대비해 별도로 빼놓은 예산이다. 보통은 총사업비의 1%를 예비비로 책정한다. 예비비가 충분히 높게 책정되어 있으면, 예상치 못한 추가 비용이 발생해도 충분히 대응할 수 있다.

재건축 사업지라면 무상지분율을 살펴보는 것도 좋은 방법이다. 무상지분율은 조합원이 추가 비용을 내지 않고 입주할 수 있는 평형을 대지지분 기준으로 나눈 비율을 말한다. 가령 18평형 아파트의 대지지분이 20평이고 무상지분율이 150%로 정해진다면, 대지지분 20평에 무상지분율 150%를 곱한 30평형이 추가부담금 없이 입주할 수 있는 무상배정 평형이 된다. 만약 33평형에 입주한다면 30평을 제외한 나머지 3평만큼의 추가부담금만 지불하면 되는 것이다.

서울 마포구 아현1구역(아현동 699번지 일대)은 입지가 좋은데도 사업성이 떨어지는 대표적인 곳이다. 봉준호 감독의 영화 〈기생충〉의 촬영지로 유명한 '돼지쌀슈퍼'가 있는 곳이다.

마포구 아현동 699번지 일대 아현1구역은 역세권에 중심 업무지구와도 가까운 우수한 입지를 가지고 있지만 지분 쪼개기로 사업성이 현저하게 낮아진 상태다. 정부에서는 일반 민간재개발로는 사업이 힘들다는 판단 아래, 2022년 8월 26일 이 지역을 임대주택을 늘리는 대신 용적률 혜택을 주는 '공공재개발' 대상 단지로 선정했다.

아현1구역은 서울에서도 보기 드문 입지를 갖추고 있다. 알짜노선으로 꼽히는 2호선과 5호선의 환승역인 충정로역 역세권이다. 광화문·종로 일대 도심업무지구와 여의도업무지구까지 10분 정도밖에 안 걸린다. 초등학교가 바로 옆에 있는 학세권이고, 연세대학교·이화여대가 있는 신촌 일대가 차로 10분 거리로 가깝다.

하지만 아현1구역은 몇 년째 재개발 사업이 제자리걸음이다. 일명 '지분 쪼개기'로 불리는 공유지분˙ 소유자가 늘어나면서 주민이 너무 많아진 탓이다. 2009년 2,100여 명이던 소유주가 2020년 기준 2,900명을 넘어서면서 사업성이 현저하게 떨어졌다.

방법은 소규모 지분 소유자를 청산하는
것인데, 그러면 조합 설립부터 막힐 공산이
크다. 조합설립은 주민 75% 이상의 동의를
얻어야 하는데, 이곳은 공유지분자가 전체

> **공유지분**: 여러 명(공유자)이 한 단
> 위 수량의 토지소유권을 공유하
> 는 것으로, 그 공유토지 중 차지
> 할 수 있는 부분의 양을 말한다.
> 아파트 단지의 구분소유권자는
> 대지의 공유지분을 소유한다.

의 25%를 가뿐히 넘는다. 아현 1구역은 문재인 정부가 추진한 공공재
개발을 신청하기도 했지만, 주민 간 갈등과 사업성 문제로 '보류' 판정
을 받은 채 또 몇 년을 보냈다.

🏢 사업 속도

사업 속도는 얼마나 빨리 행정절차를 통과하고 착공·입주까지 마
무리할 수 있느냐다. 입지와 사업성은 어느 정도 고정된 상수常數라면,
사업 속도는 변수變數다.

재개발·재건축 사업은 시작단계라고 할 수 있는 조합설립까지도
상당한 시간이 걸린다. 동의서를 모아서 추진위원회를 만들고 주민
동의를 일정 비율까지 더 모아야 한다. 이 과정에서 관할 지자체의 승
인도 필요하다. 그래서 정비구역 지정 후 조합설립까지는 빨라도 5개
월이 걸리고, 보통 1~3년이 걸린다. 수년째 조합설립마저도 못한 곳
이 많다.

조합설립 이후에도 각종 행정절차가 남아 있다. 서울시만 해도 조합설립 이후 이주·철거 등 공사기계가 투입되는 시점까지 보통 5~8년이 걸린다. 이주 단계에서도 세입자나 현금청산 대상이 이사를 가지 않겠다고 버티는 일도 생긴다. 철거한 이후에도 오염토나 거대 암석이 발견되어 실제 공사가 늦어질 수 있다.

프로젝트 파이낸싱: 사업주로부터 분리된 프로젝트에 자금을 조달하는 것. 자금조달에 있어서 자금 제공자들은 프로젝트의 현금흐름을 우선 고려해 대출을 결정하고, 프로젝트에 투자한 원금과 그에 대한 수익을 돌려받는 자금구조를 의미한다.

사업기간이 길어지면 그만큼 비용도 커질 수밖에 없다. 우선 금융비용이 늘어난다. 재개발·재건축 사업은 대부분 조합원이 땅을 출자해서 사업을 추진한다. 현금이 없는 조직이란 뜻이다. 그래서 프로젝트 파이낸싱Project Financing, PF* 등 대출을 받는다. 사업기간이 길어지면 그만큼 이자 부담이 커지는 구조다.

공사비도 늘어날 수 있다. 재개발·재건축은 10년 이상 걸리는 경우가 많아서, 인건비와 자재비 등 사업기간 중 올라간 물가를 반영해 공사비를 증액할 수밖에 없다. 사업이 늦어지면 가만히 앉아있는데도 공사비가 늘어나는 것이다.

조합원 개인 입장에서도 사업 속도는 중요하다. 재개발·재건축 사업에 투자하게 되면 목돈이 묶이게 된다. 수익실현 기간이 길어지는 데 따른 기회비용이 발생한다. 투자 이후 집값이 떨어지거나 관련 정책이 변할 수도 있다.

사업기간이 늘어나면 추가 비용에 대한 고민도 커진다. 취득세도 내야 하고, 팔 때는 양도세도 내야 한다. 대출까지 받았다면 이자비용도 계산에 넣어야 한다. 게다가 조합의 부담이 늘어나면 분담금도 추가로 내야 한다.

그렇다 보니 대부분 재개발·재건축 조합이 '속도전'을 최우선 과제로 삼는다. 최근 많은 조합이 조합에 반대하거나 다른 의견을 내는 조합원을 사업의 발목을 잡는 사람으로 몰고 '비상대책위원회'를 부정적으로 보는 것도 사업 속도가 늦춰질까봐 우려하는 마음 때문에 생겨난 현상이다.

실제로 스타 조합장으로 유명한 한형기 신반포1차 재건축(현 아크로리버파크) 조합장도 '속도전'을 명분으로 많은 재개발·재건축 사업장에 직간접적으로 참여해 막대한 자문료와 인센티브를 벌어들였다. 흥미로운 사실은 정작 한형기 조합장의 신반포1차는 아직 조합 청산이 마무리되지 못한 상태라는 것이다.

하지만 무작정 속도를 높이는 것도 능사는 아니다. 꼼꼼하게 각 절차를 준비하지 않고 사업을 빨리 진행하는 데에만 몰두하면 '반드시'라고 해도 좋을 만큼 문제가 생긴다.

가장 대표적인 것이 조합 임원 비리와 공사 하자瑕疵다. 협력업체를 뽑을 때 뒷돈을 받고, 그 업체만 충족할 수 있는 조건을 내건다든가 담합을 눈감는 일이 비일비재하게 생긴다. 경쟁이 없으니 속도는 빠르다. 하지만 결국 그렇게 선정된 업체는 뒷돈으로 들어간 비용을 조합원에게서 뽑아간다.

그래서 사업 속도를 높일 때는 반드시 꼼꼼한 준비와 감시가 뒤따라야 한다. 각 사업단계별로 필요한 조사와 서류를 미리미리 준비해서 불필요한 시간을 단축하고, 절차별 담당 공직자와 수시로 소통해 반려 요소를 줄여야 한다. 감사와 대의원, 일반 조합원은 조합이 이런 절차를 수행할 때 부정과 비리가 없는지, 준비에 소홀함이 없는지 꼼꼼히 살펴야 한다.

결국 왕도王道가 가장 빠른 길이다. 속도를 내기 위한 편법은 리스크를 낳기 마련이다.

재개발·재건축 사업은 조합원 간의 단합과 정확한 소통이 가장 중요하다. 소통이 잘 이루어져야 단계별로 철저하게 대응할 수 있어서다. 도시정비사업은 10년 주기로 수립하는 도시계획을 기반으로 정비구역 지정이 이루어지면서 시작된다. 주민들은 추진위원회를 거쳐 조합을 설립해 사업을 본격화한다. 이 과정에서는 조합 살림을 꾸려갈 조합 집행부를 제대로 선임하는 것이 중요하다.

2장

출항 전부터
선원들이 단합하기

조합설립 전후 벌어질 일들

재개발·재건축 사업은 조합원 간의 단합과 소통이 중요하다

이상한 사람에게 덜컥 곳간 열쇠를 맡긴 탓에 조합설립도 못 하거나 사업이 멈춰선 곳이 많다. 조합 내 갈등으로 끊임없는 소송에 시달리거나 엉터리 업체를 선정하는 바람에 하자에 골머리를 앓는 곳도 있다.

재개발· 재건축 사업은 조합원 간의 단합과 정확한 소통이 가장 중요하다. 요즘 부동산 시장에서는 '민도^{民度}'라는 말을 많이 쓴다. 사전적으로는 어느 지역이나 국가의 생활이나 문화 수준의 정도라는 뜻이다. 흔히 재산과 의식 수준이 얼마나 높은가를 평가할 때 쓰는 말이다. '거주민들의 형편에 따라 치안 등 생활여건과 학군 형성에 영향이 크고 집값도 좌우된다'는 생각이 저변에 깔려 있다.

개발이 필요한 곳에 살고 있다면, 지자체에서 개발계획을 세우기 전부터 주민들끼리 머리를 맞댈 필요가 있다. 배가 출항하기 전에 선원들이 모여서 서로의 특기와 장기를 파악하고 '팀워크'를 다지듯 말이다.

문제는 투자자 입장에서는 진짜 민도를 알 수 있는 방법을 찾기가 힘들다는 것이다. 원주민들도 몇몇만 서로 알 뿐 누가 이웃이 되는지 큰 관심이 없다. 그렇다 보니 대부분의 사람들은 조합이 만들어지고 난 뒤나 투자를 하고 나서는 눈에 보이는 숫자만 믿는다.

이런 상태에서 갑자기 개발 바람이 불어오면 일명 '목소리 큰 놈'이 상황을 이끌게 된다. 어제까지 모르던 사람이었는데 동의서를 들고 다니면서 설명을 해대면 '성실하고 많이 아는 사람'으로 믿어버린다. 봉사의 마음으로 나서는 사람들도 많겠지만, 개발 사업에 적극적으로 나서는 것은 결국 자신에게 '이익'이 되기 때문이다.

잠깐의 판단으로 이상한 사람에게 덜컥 곳간 열쇠를 맡긴 탓에 수년째 조합설립도 못 하거나 사업이 멈춰선 곳이 많다. 비리 행위로 인해 조합장이 구속되면서 금전적 손해와 사업지연 사태를 빚는 식이다. 조합 내 갈등으로 끊임없는 소송에 시달리거나 엉터리 업체를 선정하는 바람에 하자에 골머리를 앓는 곳도 있다.

🏢 신뢰관계를 구축하는 것이 중요

실제로 서울 강남구 개포주공 1단지는 비리 행위로 2명의 조합장이 연달아 구속되었다. 2021년 새 조합장을 뽑는 과정에서도 홍보요원 (OS) 동원 등 각종 불공정 시비가 불거졌다. 이 과정에서 상당한 시간이 지체되었고, 착공과 분양 모두 원래 일정보다 한참 밀렸다.

2022년 기준 국내 최대 규모 아파트 단지인 서울 송파구 헬리오시티(옛 가락시영)도 각종 비리 때문에 골머리를 앓았다. 2016년 초대 조합장이 뇌물수수 혐의로 구속된 데 이어 조합장 직무대행도 같은 혐의로 구속되었다. 이후에도 총회 의결 등 법적 절차를 거치지 않고 조합 자문 변호사에게 10억 원에 달하는 수임료를 지급하는 등의 문제로 조합장 등 임원들이 조사를 받았다.

향후 사업을 같이 꾸려갈 협력업체와의 신뢰관계도 중요하다. 조합원은 공동 선주船主이지만 협력업체는 일시적으로 계약한 고용인과 같다. 정당한 대가를 주고받고 성실히 일하는 신뢰관계를 구축하는 것이 중요하다. 특히 단순히 알려진 모습과 평판, 이미지, 언행을 근거로 섣불리 판단해서는 안 된다.

2022년 한 해 재개발·재건축 시장에서 가장 큰일로 꼽히는 서울 강동구 '둔촌주공 재건축 사업'의 공사 중단사태도 신뢰관계가 무너지면서 일을 키운 측면이 있다. 특히 사상 초유의 일로 꼽히는 시공단의 유치권 행사는 갈등이 재개발·재건축을 얼마나 발목 잡을 수 있는지를 너무나 잘 보여준다.

둔촌주공 재건축 사업은 공사비 증액과 관련해 지분제에서 도급제 성격인 확정 지분제로 계약을 변경했다. 그런데 조합 집행부가 교체되면서 계약서 내용에 대해 시공사와 이견이 생겼고, 공사비 증액을 거부하면서 갈등이 생겼다.

특히 이 과정에서 서로의 주장만 반복한 탓에 신뢰관계가 무너진 것이 치명타가 되었다. 실제로 양측은 쟁점 사안에 대해서는 한발씩 물러난 입장을 외부에 전달하기도 했지만, 서로를 협상 상대로 여기지 않으면서 파행을 맞았다.

초기에 투자하려면
10년 단위 기본계획부터 봐야 한다

주민들끼리 모여서 지역의 발전방향이나 단지의 규모 등을 미리미리 상의하고 담당 부서나 공무원과 자주 소통하면 계획수립 때 내용에 반영될 가능성이 커진다.

재개발·재건축 등 모든 도시정비사업은 지방자치단체(지자체)가 10년 주기로 수립하는 도시계획을 통해 큰 그림이 그려진다. 이를 '도시·주거환경정비기본계획(기본계획)'이라고 한다. 각 지방자치단체장이 그 관할 구역에 대해 도시·주거환경정비기본계획을 10년 단위로 수립하고 5년마다 그 타당성 여부를 검토해 그 결과를 기본계획에 반영한다.

기본계획은 특별시·광역시나 시가 관할 구역 내 진행될 정비사업의 기본방향과 목표 등을 제시하는 종합계획으로 도시·주거환경정비계획을 세울 때 지침이 된다. 실제로 기본계획은 지자체가 도시를 발전시키는 전반적인 방향을 읽을 수 있는 중요한 자료다. 모든 정비사업은 도시·주거환경정비기본계획의 방향과 지침 안에서 추진되기 때문이다. 그래서 기본계획만 잘 살펴도 지역과 단지의 발전가능성을 엿볼 수 있다. 원주민이 아닌 이가 투자를 한다면 특히 도시계획을 잘 파악해야 한다.

각 사업장은 기본계획이 수립되면 '정비예정구역'이 된다. 이때 단지의 대략적인 규모와 범위가 윤곽을 드러낸다. 하지만 아직 정식 정비구역이 된 것은 아니기 때문에 주민들도 정확한 내용과 소식을 모르는 단계다. 투자자 입장에서는 '개발 기대감'이 가장 적게 반영된 상태의 싼 가격에 투자를 할 수 있다.

그렇다고 무작정 투자는 위험하다. 아직 개발이 구체화된 것은 아니기 때문이다. 실제로 기본계획만 세워진 상태에서는 언제 사업이 시작될지 정확히 알 수 없다. 기본계획에 포함되었다가 계획이 취소되는 경우도 다반사茶飯事다. 기본계획 이후 5년마다 사업을 해도 좋을지 말지를 보는 '타당성조사'를 하는데 이때 사업이 무산되는 단지도 많다.

🏛 기본계획 수립 전부터 할 수 있는 일들

하지만 원주민이거나 정비예정구역이 되기 전에 투자한 투자자라면 기본계획 수립 전부터 할 수 있는 일들이 많다. 도시정비사업은 지자체에서 도시발전방향에 따라 계획을 짜긴 하지만 어디까지나 사람

2015년 서울시가 발간한 '2025 도시주거환경정비기본계획'의 표지와 목차. 재개발·재건축 사업은 각 지자체가 10년 주기로 발표하는 도시주거환경정비기본계획을 기반으로 구체적인 계획이 세워진다.

이 하는 일이다. 담당 공무원이 관할 내 모든 지역을 세세하게 파악하고 있기는 힘들다. 그렇기 때문에 주민들끼리 모여서 지역의 발전방향이나 단지의 규모 등을 미리미리 상의하고 담당 부서나 공무원과 자주 소통하면 계획수립 때 내용에 반영될 가능성이 커질 수 있다.

그런데 이런 정당한 방법이 아니라 권력의 힘을 빌리려는 단지도 있었다. 2022년부터는 지방의원 등 정치인이 조합장을 맡을 수 없게 되었는데, 2021년까지만 해도 지방의원이 조합장에 선출되는 곳들이 있었다. 저마다 "지연요소를 제거하겠다" "층수와 용적률을 높이도록 하겠다" 등의 공약을 내세웠는데 공공연히 불법적인 외압을 넣겠다고 한 셈이다.

하지만 결과만 놓고 보면 이런 곳들일수록 오히려 사업이 제대로 안 된 곳이 많다. 조합 내 갈등이 빈번하게 발생하고 경찰이나 검찰의 수사로 사업이 멈춰서기도 해서다. 지름길로 가려다가 낭떠러지로 떨어지는 격이다.

반대로 아무런 준비나 대응도 없이 지자체에게만 계획 입안을 전적으로 맡겨두는 것도 좋은 방법은 아니다. 법에서는 토지등소유자가 2/3 이하 및 토지면적 2/3 이하의 범위(조례로 별도 규정) 안에서 동의서를 받은 뒤 입안권자에게 정비계획 입안을 제안할 수 있다. 서울시의 경우 토지등소유자의 60% 이상 및 토지면적의 1/2 이상의 동의가 필요하다.

토지등소유자들이 직접 입안제안을 하면 주민들에게 실질적으로 필요하고 도움이 되는 내용을 반영하는 데 유리하다. 다만 공인되는 단체(추진위원회 등)를 만든 상태가 아니기 때문에 협력업체와의 계약을 통한 공식적인 도움을 받기 어렵다는 단점이 있다.

정비구역 지정은 본게임,
적극적으로 움직여야 한다

정비구역으로 지정되면 추진위원회를 구성할 수 있다. 추진위원회는 조합
설립을 준비하는 임시단체다. 법적인 구속력이 없고, 한 구역 내에 여러 개
의 추진위원회를 만들어도 된다.

기본계획이 세워지면 지자체에서는 정비계획을 수립한다. 재건축
사업은 기본계획과 정비계획 수립 사이에 안전진단을 받는다. 시군구
단위에서는 주민설명회와 지방의회 의견 등을 거쳐 계획안을 세워서
광역지자체에 정비구역 지정을 신청한다.

이때 시장과 군수, 구청장은 정비계획을 수립하고 주민에게 서면으
로 통보한 후 주민설명회를 하고 30일 이상 주민에게 공람기간을 거
친다. 지방의회는 시장·군수가 정비계획을 통지한 날부터 60일 이내
에 의견을 제시한다. 의견제시 없이 60일이 지난 경우에는 이의가 없
는 것으로 본다.

이런 절차를 통해 지자체에서 정비계획안을 수립하면, 광역지자체

는 지방도시계획위원회 심의를 거쳐서 정비구역 지정에 관한 내용을 담은 지구단위계획 등을 고시한다.

정비계획에는 대략적인 사업의 규모와 추진 방향이 담긴다. 정비 사업의 명칭이 정해지고, 구역과 면적이 정해진다. 기반시설이나 공공이용시설 등 기부채납* 설치계획과 용적률·건폐율 등도 결정된다. 환경보존이나 교육환경에 대한 계획과 임대주택 계획 등도 담긴다.

정비구역으로 지정 고시되는 날은 통상적으로 권리산정기준일*이 된다. 권리산정기준일 이후에는 빌라 등 주택을 새로 지어서 팔거나 얻어도 입주권을 받을 수 없다. 지분 쪼개기도 금지된다. 이것을 모르고 간혹 재개발·재건축 입주권을 노리고 빌라를 샀다가 현금청산 대상이 되는 경우가 있다.

입주권을 노리고 건물을 사는 투자자라면, 계약할 때 '특약'을 잘 활용해야 한다. 지역 공인중개사를 통해 거래하면, 보통은 입주권이 나오는지 알 수 있다. 하지만 말만 믿는 것은 법적으로 효력이 없다.

계약을 할 때 특약사항으로 '이 거래는 입주권 전제로 이루어지는 것으로 차후 입주권이 나오지 않을 시 위약금 없이 또는 매도인의 책임으로 계약을 무효로 하고 계약금을 반환한다'와 같은 문구를 넣어주면 된다. 여기에 '이러한 특약사항을 중개인이 담보하고 계약자가

기부채납: 개인 또는 기업이 부동산을 비롯한 재산의 소유권을 무상으로 국가 또는 지방자치단체에 이전하는 행위.

권리산정기준일: 재개발이나 재건축 사업에 있어서 어느 시점을 기준으로 주택을 분양받을 권리가 있는지, 받으면 몇 채를 받을지를 정하는 기준이 되는 날을 말한다. 권리산정기준일 이후에 '지분 쪼개기'한 주택의 소유자는 입주권을 받지 못한다.

특약사항을 지키지 않을 시 중개인이 책임을 부담한다'와 같은 내용을 넣어놓으면 금상첨화다.

특히 정비구역 내에 여러 개의 토지를 가지고 있는 조합원이 일부 필지만 매도하는 경우가 있다. 권리산정기준일 이후에는 이런 거래로 취득한 토지나 건물은 입주권이 나오지 않는다. 그래서 특약사항에 '매도인은 ○○재개발 구역 내에 본 건 외 다른 부동산이 없음을 확인하고, 이에 대한 미고지 및 허위고지에 대한 책임은 매도인이 지기로 한다'와 같은 조항을 넣어놓는 것이 좋다.

정비구역으로 지정되면 추진위원회를 구성할 수 있다. 추진위원회는 조합설립을 준비하는 임시단체다. 법적인 구속력이 없고, 한 구역 내에 여러 개의 추진위원회를 만들어도 된다. 재개발은 토지등소유자

추진위원회가 하는 일

- 추진위원회 운영규정 작성
- 토지등소유자 동의서 접수
- 조합 정관 초안 작성
- 조합설립 준비 업무
- 정비사업전문관리업체 선정
- 설계사 선정
- 그 외 운영규정으로 정한 업무

조합설립 추진위원회는 조합설립 전까지 유지되는 임시단체다. 도시정비사업 추진 동의서를 걷고, 조합 운영의 기반이 되는 정관을 작성하고, 설계자 등 사업 초기 협력업체를 선정하는 등의 일을 수행한다.

절반의 동의를 얻으면 추진위원회를 설립한다. 재건축은 소유자의 1/10 이상의 동의를 얻어야 한다. 추진위원회는 위원장을 비롯한 5명 이상의 추진위원을 지정해서 지자체의 승인을 얻으면 된다.

🏢 정비구역 지정 후부터는 주민 간 소통이 정말 중요

정비구역이 지정되고부터는 주민 간 소통이 정말 중요해진다. 정비구역으로 지정되면 사실상 사업의 첫걸음을 뗀 것이다. 추진위원회 구성 전부터 관심을 가지고 적극적으로 움직일 필요가 있다.

추진위원회는 임시기구이긴 하지만 의미가 크다. 동의서를 걷는 등 조합설립에 관한 모든 사항을 준비하기 때문이다. 그래서 추진위원장이 조합설립 후 조합장이 되는 사례도 많다.

별다른 소통이나 검증 없이 추진위원회 구성과 조합설립 준비를 맡겨두면, 결국 두고두고 조합이 하자는 대로 끌려다니는 '거수기'가 된다. 뒤늦게 문제를 발견하고 목소리를 내려고 해도 사람을 모으기도 쉽지 않을뿐더러 '비대위' 취급을 받기 십상이다.

가장 좋은 방법은 정비구역 지정 전후로 소통할 수 있는 창구를 만드는 것이다. 소수 관리자가 마음대로 강제퇴장 등 권력을 휘두를 수 있는 인터넷 카페나 밴드보다는 카카오톡 등 메신저를 활용하는 것이 좋다. 물론 메신저도 협력업체 직원이나 비조합원이 쉽게 접근할 수 있는 등 단점이 있다. 가장 좋은 방법은 온라인을 통해 수시로 정보를 교환하면서 오프라인에서도 주민 간 소통을 자주 하는 것이다.

정비구역 지정 전후부터 소통을 시작하면 조합 임원을 뽑을 때 유리하다. 대부분 사람은 재개발·재건축 투자가 처음인 경우가 많다. 여러 번 투자를 해본 사람도 전문성이 있다고 보긴 어렵다. 그럼에도 수백, 수천 명이 모이는 조합에서는 다양한 직군의 사람이 많다. 이 중에서 적임자를 미리미리 찾아 오래 살펴보면서 조합 임원으로 적합한지, 겉과 속이 같은지 검증하는 것이 좋다.

조합 집행부는 살림꾼,
사업 속도를 결정짓는다

조합 임원은 실무 능력을 갖춘 사람 중에서 사회적으로 알려진 사람이거나 금전적으로 여유로운 사람이 좋다. 딴 생각을 하지 않고, 조합 안팎으로 대인관계와 협상을 하는 데 유리한 점이 많기 때문이다.

추진위원회는 일정 수준의 동의를 얻어서 조합설립 총회를 개최한 뒤 지자체 승인을 받아 조합을 설립한다. 재개발은 토지면적 1/2 이상, 토지등소유자 3/4 이상의 동의가 필요하다. 재건축 조합을 설립하려면 토지면적 2/3 이상, 전체 구분소유자 3/4 이상, 동별 구분소유자 과반수 동의 요건을 모두 충족해야 한다.

동의서는 「도시 및 주거환경정비법 시행규칙」 별지 제6호 서식에 따라 작성한다. 동의서를 받을 때 반드시 같이 동의를 받아야 하는 사항도 있다. 관련법에 따라 건설되는 건축물의 설계 개요, 정비사업 예상 총사업비 분담기준, 사업 완료 후 소유권의 귀속에 관한 사항, 조합 정관에 대한 동의서를 각각 받아야 한다.

추진위원회는 동의서를 받기 전 토지등소유자별 분담금 추산액과 그 산출근거도 반드시 제공해야 한다. 산출근거에는 해당 사업지가 속한 지자체의 관련 조례 등에 대한 정보도 포함되어야 한다. 「도시 및 주거환경정비법」 제32조와 제35조 10항 등에 관련 내용을 규정하고 있다.

조합창립총회에서는 첫 조합장과 임원을 선출한다. 조합장과 조합 임원은 조합원 전체를 대신해서 조합의 업무를 수행한다. 조합장에게 는 매달 정기적인 급여가 지급되고, 각종 판공비도 제공된다. 조합은 실무를 수행하는 직원도 채용할 수 있다. 일부 조합에서는 급여를 받는 상근 이사를 선출하기도 한다. 이외에 비상근 이사나 대의원, 감사 등은 별도의 급여가 없고 회의 참석에 따른 회의비만 지급받는다.

조합설립 동의 요건

재개발	토지면적 1/2 이상	
	토지등소유자 3/4 이상	
재건축	각 동별 구분소유자 과반수 이상	
	전체 구분소유자 3/4 이상	
	토지면적 2/3 이상	

재개발·재건축 조합설립을 위한 동의율 요건. 조합설립 추진위원회는 조합설립을 위한 동의율 조건을 모두 충족한 뒤 조합설립총회를 개최한다. 이후 지자체가 승인하면 정식으로 조합 법인이 출범하게 된다.

조합 임원은 실무를 이끌어나갈 능력을 갖춘 사람 중에서 사회적으로 알려진 사람이나 금전적으로 여유로운 사람이 좋다. 조합 임원은 유혹에 빠지기 쉬운 자리다. 조합장은 권한도 막강해서 더욱 비리에 연루되기 쉽다. 여유가 있고 사회적 명성이 있는 사람은 그만큼 딴 생각을 할 확률이 줄어들고 조합 안팎으로 대인관계와 협상을 하는 데 유리하다.

그런데 이런 사람일수록 재개발·재건축 사업의 전면에 나서는 것을 꺼리는 경향이 있다. 아무래도 재개발·재건축이 개인의 재산과 관련된 사업인 데다 세간의 인식도 좋지 못하기 때문이다. 하지만 본인의 '재산권'을 지키는 것은 남이 해줄 수 없다. 정해진 법 안에서 정직하게 업무를 수행하고, 감사와 조합원이 꼼꼼히 감시하는 구조만 갖춰놓으면 당당하지 못할 이유가 없다.

전문조합관리인제도도 활용해보자

조합 임원의 비리는 결국 조합원의 손해로 돌아온다. 비리를 저지르기 위해 돈을 쓴 협력업체는 싸구려 자재를 사용하거나 날림 시공으로 비용을 보전하려 들기 때문이다. 비리가 들통나서 경찰이나 검찰 수사를 받는 일이 생기면 금전적 손해뿐 아니라 사업 속도에도 문제가 생긴다.

수사와 압수수색이 진행되면 조합 업무가 마비될 수밖에 없다. 새로운 조합 임원을 선출하기 위해 선거를 치르고 업무를 인수인계하는 데에도 시간과 비용이 많이 든다.

감사監事는 이런 일을 미연에 방지하기 위한 자리다. 감사는 조합 임원이 비리를 저지르지는 않는지, 업무 수행에 있어서 미흡함은 없는지를 살펴야 한다. 간혹 감사로 선출되고도 조합 임원과 결탁하거나 애초에 출마 때부터 조합 집행부와 '원팀one team'을 내세우는 사람이 있다. 이런 사업장은 거의 대부분 잡음이 일어나기 마련이다.

감사뿐 아니라 일반 조합원도 항상 조합의 업무 진행 상황을 감시해야 한다. 조합은 감사의 감사활동과 조합원의 감시를 불쾌하게 여기지 말고 적극적으로 대응해야 한다.

조합원 내 전문가를 찾기 어렵거나 조합 임원의 전문성이 부족하다면 '전문조합관리인제도'를 활용하는 방법도 있다. 전문조합관리인 제도는 조합원이 아닌 사람 중 일정 조건을 충족하는 사람에게 조합장 역할을 맡길 수 있도록 한 것을 골자로 한다. 일종의 전문 경영인과 같은 역할을 하는 것으로, 2016년 도입되었다.

전문조합관리인으로 임명되려면 변호사·회계사·법무사 등의 자격을 취득한 후 정비사업 관련 업무 5년 이상 종사자나 공무원, 조합 임원 5년 이상 종사자나 공공기관 임직원으로 정비사업 관련 업무 5년 이상 종사자여야 한다.

가장 중요한 것은 정보의 투명한 공개다. 정보를 투명하게 공개하면 비리가 끼어들 틈이 그만큼 줄어든다. 입찰에 참여한 업체의 비교 견적서를 작성해서 조합원에게 제공하는 방법도 좋다. 조합원은 가격만 보지 말고 업체의 내실과 실적을 꼼꼼히 살필 필요가 있다.

조합 임원을 잘 뽑아야 하는 이유가 이런 사항들을 꼼꼼히 챙기기 위해서다. 조합은 일반 기업과 다르게 조합원이 전적으로 사업에 매달려 있기가 어렵다. 각자 생계가 따로 있고, 보유만 한 채 거주는 하지 않는 조합원도 많다. 이주와 철거 이후에는 그나마 거주하던 조합원들도 뿔뿔이 흩어질 수밖에 없다.

그래서 총회에는 큰 틀에 대한 동의를 받고 세부적인 사항은 정관에 따라 이사회나 대의원회에서 결정하는 경우가 많다. 일이 있을 때마다 조합원 전원을 대상으로 한 조합 총회를 열어서 결정하긴 어렵기 때문이다. 결국 조합장과 이사, 대의원 등 조합원을 대신해서 업무를 수행하고 의사를 결정하는 이들의 능력이 사업 속도를 결정한다.

간혹 비리를 저지르는 것은 아닌데 느긋하게 업무를 다루는 조합 임원도 있다. 꼬박꼬박 급여가 나오다가 입주와 청산이 되면 실직자가 되는 상황이 되니 차일피일 업무를 미루는 것이다.

반면 조합장과 임원이 적극적으로 나서서 정보를 공개하고 조합원이 빠른 결단을 내리도록 해 사업 속도를 높인 곳도 있다. 서울 서초구 신반포21차 재건축 조합은 2019년 10월 시공사 선정에 나섰지만 아무 업체도 입찰에 나서지 않으면서 고배를 마셨다. 강남권 단지이긴 하지만 단지규모가 2개 동에 불과해 공사비가 적은데도 요구하는 품질은 높았기 때문이다.

그러자 조합에서는 주변 단지 조사와 내부 논의를 통해 공사비를 기존보다 약 200억 원 올렸다. 당시 올린 총공사비가 1,020억 원(3.3㎡당 670만 원)이었으니, 기존 공사비(약 800억)의 4분의 1에 해당하는 공사비를 한 번에 올린 것이다. 증액결정으로 정해진 1평당 공사비는 주변 단지 대비 80만~100만 원가량 비쌌다.

공사비를 크게 올리는 일이었지만 결정은 빨랐다. 조합이 정보를 투명하게 공개했고, 조합원이 공사비 증액 이유를 납득했기 때문이다. 조합장을 비롯한 조합 집행부는 조합원을 대상으로 공사비 증액의 필요성과 주변 단지와의 공사비와 품질 비교표를 상세하게 설명했다. 이에 조합원은 참석자 전원 공사비 증액 찬성으로 힘을 실었다.

결국 이 단지는 약 7개월 만에 다시 열린 2020년 5월에 2차 시공사 입찰에서 포스코건설을 시공사로 선정했다. 이 단지는 포스코건설의 첫 강남 재건축 진출 사업장이 되었다.

진짜 명품단지는 원청 시공업체의 브랜드로 판가름 나지 않는다. 내실이 튼튼해야 '진짜' 명품단지가 된다. 재개발·재건축 사업이 본격화하면 설계도면을 만들 설계업체, 사업을 관리할 총괄사업관리자(PM), 공사를 수행할 시공사 등 다양한 협력업체를 선정해야 한다. 재개발·재건축 사업에는 일반적으로 25~30개의 협력사가 참여한다. 협력사를 잘 뽑아서 업무의 완벽성을 기해야만 계획변경 등으로 인한 시간과 비용의 손해를 줄일 수 있다.

3장

선장보다 중요한
항해사·기관장 뽑기

협력사 · 관계사의 중요성

재개발·재건축에 있어
협력사·관계사가 무엇보다 중요하다

'꼼수 없이 원칙을 지키는 곳을 뽑는다'는 것을 협력업체를 선정하는 제1원칙으로 삼으면 된다. 진짜 명품단지는 원청 시공업체의 브랜드로 판가름 나는 것이 아니라 내실이 튼튼해야 한다.

조합 임원이 선박을 이끄는 선장이라면, 협력사는 안전하고 신속한 운항을 위한 항해사와 기관사다. 조합 임원을 비롯한 조합원 대다수는 비전문가다. 이 때문에 각 단계별로 협력사의 조언과 도움을 받아서 업무를 수행해야 한다.

추진위원회를 구성한 이후부터 입주 때까지 다양한 업체가 필요하다. 정비업계에 따르면, 재개발·재건축 사업에는 일반적으로 25~30개의 협력사가 참여한다.

협력사가 제대로 업무를 수행하면 사업도 순항할 수 있다. 관련 업무 실적이 많고 전문가를 충분히 확보하고 있는 곳이 좋다. 간혹 공종工種 면허는 있지만 실무 능력이 없는 곳도 있기 때문이다.

신생업체나 폐업 이력이 많은 업체는 피하는 것이 좋다. 사업 참여 이력은 많은데 그때마다 자회사를 만드는 식으로 새 법인을 만들어서 참여하는 업체도 기피대상이다. 이런 업체는 대개 세금 탈루 의혹이 있기 마련이고, 운영비 등 각종 명목으로 자금만 소진하고 제대로 일을 하지 않는 경우가 많다.

추진위원회 단계에서는 정비업체를 선정할 수 있다. 사업 초기부터 해산 단계에 이르기까지 사업 전반에 있어 조합의 중요한 업무를 대행하는 업체다. 쉽게 말하면 조합의 매니저 같은 역할을 한다. 통상적으로 PM^{Project Management}(총괄사업관리자)·CM^{Construction Management}(건설사업관리자)으로 불린다.

설계업체도 추진위원회 단계에서 선정한다. 설계업체는 도시계획에 맞춰 최적의 설계를 해주는 전문업체다. 이 첫 설계를 바탕으로 10% 미만을 수정하는 경미한 변경이나 그 이상의 중대한 변경이 이루어진다. 시공사의 대안설계와 특화설계도 이 첫 설계를 바탕으로 이루어진다.

조합설립 이후에도 다양한 업체가 필요하다. 행정절차를 위해서는 교통, 환경, 교육 등 각종 영향평가를 수행할 업체의 도움이 요구된다. 조합원이 보유한 땅과 건물의 가치를 매기는 감정평가업체나 각종 법률적인 부분을 담당하는 변호사, 세금 관련 업무를 처리하는 세무사 등이 필요하다. 시공사와 함께 각종 설비나 시공을 담당하는 하청업체, 철거업체 등도 있어야 한다.

🏢 원칙을 지키는 곳이 업체 선정의 제1원칙

'꼼수 없이 원칙을 지키는 곳을 뽑는다'는 것을 협력업체를 선정하는 제1원칙으로 삼으면 된다. 진짜 명품단지는 원청 시공업체의 브랜드로 판가름 나는 것이 아니라 내실이 튼튼해야 한다. 협력업체는 내실과 직결되어 있다. 부품 하나하나가 명품일 때 진짜 명품단지가 된다.

지금처럼 시공과 감리를 철저하게 하는데도 하자가 생기는 건 자격 미달인 업체에서 비롯된 경우가 많다. 현장에서 설계도면을 따르지 않고 전혀 다르게 시공하는 일도 잦다.

1990년대 이전에 지어진 오래된 아파트를 지을 당시에는 생각보다 더 이런 일이 많았다. 값이 비쌌던 철근 등 중요 자재를 빼돌려 파는 일도 비일비재했다. 철근같이 건물 내부에 들어가는 자재의 경우 그 위로 콘크리트를 타설하고 나면, 나중에 그 상태를 확인하기 어렵다. 건물 붕괴로까지 이어질 수 있을 정도로 위험한 일이다.

최근 리모델링 업계 등에서는 정치권과 국토교통부에 건물의 무게 하중을 견디는 내력벽 철거를 허용해달라는 요구를 이어오고 있다. 설계에 따르면 벽체를 일부 제거해도 안전하다는 논리다. 하지만 국토부와 전문가들은 건물이 노후화된 데다 철근과 벽체가 제대로 시공되어 있는지와 부식이 된 정도를 확인할 수 없다는 점에서 우려를 나타내고 있다.

조합 임원과 협력업체 입찰을 희망하는 곳의 결탁을 방지하는 노력도 필요하다. 간혹 조합 임원이 자신과 연관된 업체나 뒷돈을 받기로 하고 업체 선정에 영향력을 행사하는 경우가 있다. 이렇게 선정된 업체는 품질문제가 불거질 가능성이 크다. 품질 조건을 맞추지 못하는 업체일 수 있고, 뒷돈을 지불한 만큼 손해를 줄이기 위해 일부러 단가를 높게 설정하거나 낮은 품질의 제품을 납품·시공할 수 있어서다.

협력업체 선정 기준을 명확하게 확립하는 것도 중요하다. 협력업체 중 상당수를 원청업체인 시공사가 입찰을 통해 선정한다. 기준이 명확하지 않으면 원청 시공사는 '최저가입찰제'에 따라 업체를 선정할 수밖에 없다. 최저가입찰제는 가장 낮은 가격을 제시한 업체를 낙찰자로 선정하는 것을 말한다. 선정 기준은 규모가 비슷한 사업장에서의 시공경험과 함께, 공급량과 일정을 맞출 수 있는 자원을 확보하고 있는지 등을 포함하면 좋다.

첫 설계를 잘해야
명품단지가 된다

재개발·재건축 사업도 결국 본질은 '집짓기'다. 규모가 크고 집주인이 많
다는 것만 다르다. 건축주인 조합이 설계사와 잘 협의하고 꼼꼼하게 따져
야 좋은 집을 지을 수 있는 설계가 나오기 마련이다.

모든 협력사가 중요하지만 설계사 선정은 사업의 첫 단추를 끼운다
는 점에서 의미가 특히 남다르다. 설계사는 지구단위 등 개발계획에
따라 전용면적별 각 가구와 동 배치 등을 담은 설계도면을 만든다. 재
개발·재건축 사업의 밑그림인 셈이다. 이렇게 만들어진 조합 설계도
는 시공사 선정 현장설명회에 참여한 입찰 예정 시공사가 입찰 제안
서를 만드는 기준이 된다.

설계사는 조합의 요구가 별도로 있지 않은 이상 기본형에 가까운
설계를 하기 마련이다. 그러므로 조합에서는 설계사에게 설계를 요청
할 때 정확하고 디테일한 주문을 해야 한다.

지자체 중에는 설계에 따라 용적률이나 층수에 대한 인센티브를 주

기도 한다. 이런 항목을 조합에서 직접 챙겨서 설계사에게 반영할 수 있도록 요구해야 한다.

최근에는 입찰에 참여한 시공사가 대안설계나 특화설계 등을 제안하는 경우도 많다. 이때도 원 설계가 중요하다. 시공사가 아무리 시공능력평가 상위의 1군 건설사라도 원 설계를 넘어서서 새로운 제안을 하는 데에 한계가 있다.

법적으로 '설계변경'에 해당하는 대안설계나 특화설계는 기존 조합 설계도로 산정한 사업비를 기준으로 증감 폭 10% 이내에서만 가능하다. 이를 '경미한 변경'이라고 한다. 설계변경은 구청에서 인가를 받은 사업시행계획을 폐기하고 완전히 새로운 계획안으로 대체하는 것을 말한다.

경미한 변경을 하려면 세부 시공내역과 공사비 산출근거를 함께 제출해야 한다. 재정당국과의 협의를 거치면 10%를 넘어서는 경우에도 경미한 변경으로 허가를 받을 수도 있다. 사업비 증감 폭이 고정되어 있기 때문에 마감재나 가구별 공간구성, 주차장 등을 크게 바꾸기는 어렵다.

도로의 경우 30% 범위 내에서 노선이나 도로 폭을 바꾸는 경우 경미한 변경으로 인정된다. 도로의 시작점이나 종점을 변경하는 것도 2020년부터 경미한 변경으로 인정하고 있다.

🏢 설계업체 선정이 중요하다

'중대변경'은 경미한 변경의 조건을 넘어서서 계획과 설계를 바꾸는 것이다. 사업비 증감 폭이 10%를 넘어서거나 총 가구 수, 평형별 가구 수, 평형의 종류를 변경하는 경우다. 이 경우 정비계획 승인부터 다시 받아야 해서 사업기간이 늘어난다. 첫 설계부터 조합원의 수요와 일반분양, 동간 배치, 가구 수를 잘 계산하면 이런 불필요한 일을 피할 수 있다.

문제는 대안·특화설계의 경우 나중에 사업비 증가나 사업지연으로 이어질 가능성이 크다는 것이다. 시공사가 입찰 과정에서 무리한 제안을 했다가, 인허가 과정에서 발목을 잡히는 경우가 많아서다.

서울 동작구 흑석9구역은 중대변경에 실패하면서 조합 집행부 교체, 시공사 교체 등의 일로 이어져 3년가량의 시간을 허비했다. 기존 시공사였던 롯데건설이 제안했던 최고 28층 아파트를 짓겠단 계획을 서울시가 받아들이지 않았던 것이다. 당초 흑석9구역은 최고 25층, 21개 동, 1,538가구 규모의 아파트를 지을 예정이었지만, 롯데건설이 시공사 입찰 과정에서 최고 층수를 28층으로 높이고, 동(棟)수는 11개 동으로 줄이는 안을 제시한 것이다. 흑석9구역이 새 시공사를 선정한 것은 2021년이 되어서야 이루어졌다.

이외에도 많은 조합이 사업시행변경 과정에서 상당한 시간을 소모한다. 만약 설계변경 범위를 최소화했다면, 시간이 지연된 데 따라 발생한 금융·비용 등을 절감했을 것이다.

　설계업체도 업체마다 전문분야가 있고, 쌓아온 실적도 다르다. 아무래도 규모가 큰 곳이 재개발·재건축과 관련한 실적이 많다. 대형건설사와 대형 프로젝트를 진행해본 경험이 풍부한 곳이면 더 좋다. 재개발·재건축 시공은 거의 대부분 대형건설사가 수주하는 경우가 많기 때문이다.

　재개발·재건축 사업도 결국 본질은 '집짓기'다. 규모가 크고 집주인이 많다는 것만 다르다. 건축주인 조합이 설계사와 잘 협의하고 꼼꼼하게 따져야 좋은 집을 지을 수 있는 설계가 나오기 마련이다.

PM·CM은 심부름꾼이 아니라 조언자를 뽑아야 한다

PM·CM사는 실적이 좋은 수위首位의 업체로 선정하는 것이 유리하다. 실적이 좋다는 것은 그만큼 경험과 노하우가 많다는 뜻이다. 비용과 품질 관리뿐 아니라 리스크에 대한 대처능력도 갖춘 것으로 볼 수 있다.

PM Project Management 혹은 CM Construction Management 은 가장 중요한 협력사다. PM과 CM은 발주자를 대신해 건설사업 Construction Project 의 설계단계에서부터 발주, 시공관리, 유지관리에 이르기까지 업무의 전부 또는 일부를 관리한다. 조합을 도와 실무를 수행하고 제반 사항에 대한 조언자 역할을 수행하는 것이다. 말 그대로 조합의 매니저이자 대리인인 셈이다.

재개발·재건축 조합은 각종 행정절차를 위한 조사 작업이나 서류를 작성하고 협력업체에 업무를 맡기는 등 해야 할 일이 많다. 하지만 거의 대부분의 조합은 사업 전반에 대한 전문성이 부족하다. PM과 CM의 전문성과 경험이 반드시 필요한 이유다.

특히 시공 분야는 설계도면을 제대로 이해하고 현장 상황에 맞게 대처할 수 있는 고도의 전문성이 요구된다. 계약이나 납품기일을 포함한 공정, 원가, 품질 등 관리해야 할 일들이 산더미다. '주어진 예산을 얼마나 효율적으로 사용해서 좋은 품질의 아파트를 만드느냐'가 이 과정에서 결정된다고 해도 무방하다. 결론적으로 CM사가 얼마나 경험과 노하우가 많으냐에 따라 가격과 품질이 크게 차이난다.

PM·CM사는 실적이 좋은 수위順位의 업체로 선정하는 것이 유리하다. 실적이 좋다는 것은 그만큼 경험과 노하우가 많다는 뜻이다. 비용과 품질 관리뿐 아니라 리스크에 대한 대처능력도 갖춘 것으로 볼 수 있다.

재개발·재건축을 위해서는 행정절차 처리부터 공사관리, 자금관리 등 다방면의 전문가가 필요하다. 최근에는 PM이나 CM 업체가 이런 제반 사항들을 통합해서 종합적으로 관리하는 경우가 많아지고 있다. 그래서 간혹 공사관리 실적은 좋은데 자금관리 경험이 없거나, 그 반대인 업체가 입찰에 참여하기도 한다.

이 때문에 관리업체는 얼마나 다양한 분야의 전문가를 보유하고 있는지가 갈수록 중요하다. 공사관리만 해도 설계관리나 시공관리, 하자관리 등 분야가 다양하고 세부적으로 들어가면 안전, 구조, 설비, 내화, 소방 등 수십 가지로 나뉜다. 각 분야마다 국가기술자격 시험이 있다.

이 중 최고 등급인 '기술사'는 기술뿐 아니라 실무경력까지 있어야 취득할 수 있다. 국가가 인정하는 '전문가'인 셈이다. 협력업체를 선정하기 전에 각 분야의 기술사가 얼마나 근무중인지, 어떤 사업에 참여한 경험이 있는지 확인하면 좋은 업체를 고를 수 있다.

📖 PM·CM은 재개발·재건축 성공을 위해 꼭 필요한 조언자

PM이나 CM은 재개발·재건축 성공을 위해 꼭 필요한 조언자다. 그런데도 PM이나 CM을 가끔 조합장의 심부름꾼 정도로 여기는 조합이나 조합원이 있다. 그런 접근으로는 좋은 조언을 얻을 수 없다. 협력업체 입장에서는 전문성이 있어도 갑(甲)의 입장인 조합의 심기를 거스르면서까지 업무를 수행하려고 하지는 않기 때문이다.

그렇다고 모든 업무를 PM이나 CM에게만 맡기는 것도 지양해야 한다. 간혹 사업비나 운용비, 간접비만 소진하고 제대로 업무를 수행하지 않는 업체도 있기 때문이다. 조합은 업무 진행사항을 제대로 점검하면 일어나지 않을 일이다.

특히 조합 임원이나 PM·CM 업체가 결탁하는 것을 각별히 잘 방지해야 한다. 각종 비리가 일어난 대부분 조합은 집행부와 PM·CM이 결탁한 경우가 많았다.

실제로 서울 동대문구 제기4구역은 조합장이 A정비업체 대표에게 4억 1,900만 원의 뇌물을 받아 처벌받는 일이 발생했다. 2014년 8월부터 3년 동안 정비업체로 선정해주고, 정비업체는 조합장이 상정한

안건에 대한 서면결의서 위조를 도운 혐의다.

서울 동작구 흑석3구역도 2020년 해임된 조합장 금고에서 조합원 이름이 새겨진 '막도장'과 조합원 신분증 사본이 대거 발견되었다. 사업비가 별다른 설명 없이 크게 늘어나고 협력업체 선정과정이 투명하게 진행되지 않았었는데, 조합 집행부가 교체된 후에 이런 일들이 밝혀졌다.

이런 사태를 방지하려면 수시로 업무 진행 사항을 조합원 전체에게 공유하는 구조를 만들어놓아야 한다. 여기에 전문가의 분석과 평가를 받으면 더욱 확실한 감시가 가능하다.

설계를 맡은 곳이 CM까지 책임지면 더 좋다. 아무래도 설계의 이유를 더 깊이 이해하고 있어서 시공단계에서 철저한 관리가 가능하기 때문이다. 이렇게 해두면 시공사의 대안설계나 특화설계가 과도한 비용을 유발하는지 여부도 더 예리하게 분석할 수 있다.

신탁이나 공동시행 방식으로 금융 부담을 줄일 수 있다

공동시행을 하면 미분양이나 금리 변동 등으로 인한 사업 리스크를 줄일 수 있으며, 사업기간도 줄일 수 있다. 통상적으로 사업시행 이후 선정하는 시공사를 건축심의 이후에 바로 할 수 있다.

신탁 방식이나 공동시행 방식도 유용한 전략이 될 수 있다. 초기 투입 비용에 대한 부담을 줄이고 부정행위의 발생 가능성도 줄어들기 때문이다.

신탁 방식은 부동산 신탁사가 조합으로부터 업무를 위임받아 재건축·재개발을 시행하는 방법이다. 신탁 방식은 신탁사가 주택도시보증공사(HUG)의 보증을 받아 자금을 조달할 수 있어 금융비용을 절감할 수 있다. 조합의 사업추진 방식과 다르게 추진위와 조합설립 단계를 거치지 않아 사업기간도 1~2년 정도 줄일 수 있다.

서울 동작구 흑석11구역은 서울시 내 재개발사업장 중 최초로 신탁사인 한국토지신탁을 사업시행 대행자로 선정했다. 한국토지신탁은 흑석11구역의 자금조달뿐 아니라 사업의 발목을 잡던 종교시설과의 합의를 이끌어내면서 장기간 이어지던 사업지연 문제를 해결했다.

공동시행 방식은 조합과 건설사가 함께 시행자가 되는 방법이다. 건설사가 공사비를 받고 단순 공사만 수행하는 도급제와 달리, 사업비를 건설사가 같이 부담하고 수익을 나눠 갖는 구조다. 공동시행 건설사가 PM과 CM 역할만 맡고 도급공사 시공사를 별도로 선정할 수도 있다.

공동시행을 하면 미분양이나 금리 변동 등으로 인한 사업 리스크를 줄일 수 있으며, 사업기간도 줄일 수 있다. 통상적으로 사업시행 이후 선정하는 시공사를 건축심의 이후에 바로 할 수 있다.

신탁 방식의 가장 큰 장점은 사업 도중 문제가 발생했을 때, 주민들의 손해를 최소화할 수 있다는 것이다. 특히 시공사의 파산이나 도산, 공사중의 사고 등 예상치 못한 변수가 발생했을 때 이를 빠르게 수습할 수 있다.

가령 시공사가 도산하더라도 새로운 시공사를 선정해서 바로 공사를 이어갈 수 있다. 신탁사가 공사비용과 분양수익 등 예산집행을 도맡기 때문에 금전적인 사고가 일어날 위험을 줄일 수 있다.

실제로 분양보증을 수행하는 주택도시보증공사(HUG)도 미분양 위험이 크거나 건설사의 재무상태 등에 우려가 있는 경우, 신탁 방식으로 사업을 추진하도록 유도한다.

신탁 방식이나 공동시행 방식도 단점이 있다. 신탁 방식으로 사업을 진행하면 신탁사에 분양 매출의 2~4%를 수수료로 내야 한다. 공동시행 방식도 수익금을 건설사와 나눠야 하므로 조합의 이익이 줄어든다.

사업 주도권도 넘어갈 가능성이 크다. 신탁사가 시행사의 역할을 하기 때문에 주민들의 의견보다는 신탁사와 소수의 주민대표(조합 임원)의 입김이 크게 작용한다. 공동시행 방식도 단순 도급제에 비해 건설사의 요구를 거절하기 힘든 구조다.

신탁 방식이나 공동시행 방식의 장단점을 파악하자

외부업체의 초기 투자도 조심해야 한다. 자칫 '독이 든 성배'가 될 수 있기 때문이다. 업체가 투자금 회수를 위해 과도한 이익 분배를 요구해 사업성이 낮아질 가능성이 크다. 투자업체가 사업의 당락을 결정할 만큼 지분을 확보한 경우에는 더더욱 위험하다. 이 경우 업체의 요구를 거부하면 사업 자체가 멈춰설 수 있다.

실제로 서울 양천구 목3동 가로주택정비사업 조합은 PM 및 공동시행업체 선정 입찰에 나선 업체 간 과열 경쟁으로 큰 손해를 봤다. 부지 내에 신축빌라 공사가 진행중이었는데, 이곳이 준공 허가를 받으면 단지 전체 노후도가 낮아져서 정비사업을 포기해야 하는 상황이었다. 이에 조합은 공동시행 조건으로 해당 부지를 매입해줄 것을 요청했고, 2개 업체가 서로 가격을 높여 부르면서 시세의 2배까지 값이 뛰었다. 결국 부지 매입을 완료했지만 과도하게 자금을 투입한 탓에 사업성이 낮아지면서 사업이 장기간 표류했다.

그러므로 조합이 적정 투자한도를 정해놓고 주도권을 유지하는 것이 중요하다. 당장은 자금 조달이 힘들더라도 사업이 무산되는 상황은 막을 수 있기 때문이다. 외부의 호의보다 조합원 개개인이 부담을 나눠지는 것이 더 안전하다는 것을 명심해야 한다.

시공사 선정을 둘러싼 과열 입찰 경쟁은 좋지 않다

시공사 선정을 둘러싸고 풍파를 겪으면서 사업시행 중대변경과 관리처분 인가도 계속 미루어지고, 부가적인 행정절차의 처리시기도 놓친다. 잠깐의 흥행과 달콤한 제안 때문에 조합원 대다수는 장시간 손해를 보게 된다.

시공사는 재개발·재건축을 통해 지어지는 아파트 건설공사를 총괄한다. 아파트 브랜드도 시공사에 따라 정해진다. 우리나라는 다른 나라에 비해 특히 아파트 브랜드를 중요하게 생각하는 경향이 있다. 이 때문에 서울을 비롯한 수도권의 재개발·재건축 단지 대부분은 시공능력평가제도° 순위 상위의 대형건설사가 맡는 경우가 많다.

시공 입찰 제안서는 시공사 선정과정의 핵심이다. 사실 입찰 제안서가 브랜드보다 더 중요하다. 브랜드는 껍데기일 뿐이지만, 입찰 제안서는 단지를 구성하는 핵심 요소

> **시공능력평가제도**: 건설업체의 시공능력을 공사실적. 경영상태. 기술능력. 신인도 등을 종합적으로 평가해 금액으로 환산한 뒤에 이를 공시하는 제도다. 국토교통부가 매년 7월 말에 발표한다. 시공능력평가액을 기준으로 건설사의 순위를 정한 것을 '시공능력평가 순위(옛 도급순위)'라 한다.

를 모두 담고 있기 때문이다. 시공 계약서도 입찰 제안서를 기준으로 작성된다.

최근 재개발·재건축을 중심으로 한 주택사업은 건설사의 주요 사업으로 자리 잡았다. 집값과 땅값이 크게 오르면서 수익을 많이 남길 수 있게 되었기 때문이다. 기술적인 부분에서 플랜트나 토목사업보다 난이도가 낮고 수익률이 높다. 이 때문에 서울·수도권 주요 입지에 있는 재개발·재건축 사업은 입찰 경쟁이 치열하다.

입찰 경쟁이 성사되면 장점이 많다. 시공사 선정은 입찰업체가 1곳이거나 없는 경우 최대 2회까지 유찰된다. 그만큼 시간 손해가 발생한다. 유찰이 되면 현장설명회부터 다시 열어야 되기 때문에 한 번 유찰될 때마다 최소 4개월에서 6개월이 무의미하게 지나간다. 일단 경쟁이 성사되면 이런 불필요한 비용과 시간 소모를 줄일 수 있다.

시공사 입장에서는 경쟁이 성사되면 더 좋은 조건을 내걸 수밖에 없다. 경쟁에서 패하면 입찰을 하기 위해 투입한 비용이 고스란히 손

컨소시엄Consortium: 건설공사 따위의 수주에서 여러 기업체가 공동으로 참여하는 방식. 또는 그런 모임.

해로 돌아오기 때문이다. 입찰에 참여한 업체끼리 컨소시엄*을 만들어서 공동 입찰을 하는 것도 이런 손해를 줄이기 위해서다. 하지만 최근 몇 년 사이 단독입찰을 선호하는 조합이 많아지면서 컨소시엄 수주가 많이 줄어든 상황이다.

수주 경쟁이 치열해지면서 건설업계는 대안설계나 특화설계도 제안하고 있다. 원안 설계에서 가구 수를 더 늘리거나, 특화설계를 통해

수주전을 앞둔 재개발 사업 조합사무실 근처에서 건설사 소속 OS요원들이 조합원들에게 인사를 건네기 위해 도열해 있는 모습. 사업성이 높은 재개발·재건축 사업은 건설업계의 주요 먹거리로 꼽힌다. 시공사 선정은 조합원들의 투표로 이루어지기 때문에 입찰시기가 되면 치열한 홍보전이 벌어지곤 한다.

공간 활용을 극대화하거나 서비스 면적을 늘리는 식이다. 마감재나 커뮤니티, 주차 공간 등도 대안·특화설계의 단골이다.

경쟁이 성사되면 조합의 심판 역할이 정말 중요하다. 특히 시공사가 조합원의 민심을 얻기 위해 무리한 제안을 제출하거나 지나친 홍보활동을 벌이는 것을 잘 통제해야 한다. 홍보 과정에서는 조합 규정을 어기거나 불법 행위가 벌어지기도 한다. 무리한 대안·특화설계 제안은 나중에 사업비 증가나 사업지연으로 이어질 가능성이 크다.

특히 지나친 홍보활동은 부작용이 많다. 시공사는 입찰 제안서 제출 이후 조합이 사전에 정해둔 공식 홍보기간과 방법에 따라 홍보활동을 벌인다. 적당한 홍보는 조합원의 판단에 도움이 되지만 홍보활동이 과열되면 지지하는 시공사가 다른 조합원 간 갈등을 빚기도 한다. 부정행위나 비리행위도 일어난다.

🏢 흥행은 잠깐이고, 부담은 계속

최근에는 부정과 비리 방지를 위해 직원이 조합원 개개인을 찾아가서 홍보하는 개별 홍보를 금지한 조합이 많다. 그럼에도 OS요원을 동원해 금품을 건네거나 견본주택 투어를 시켜주고 식사를 대접하는 일이 비일비재하다. 만약 이런 행위 중 실정법을 위반한 경우가 발각되면 경찰이나 검찰의 조사를 받고 실형을 살기도 한다. 사업도 그만큼 지연된다.

부정행위가 발각되지 않더라도 결국 조합과 조합원에게는 손해다. 시공사의 입장에서는 부정과 비리를 저지르면서 들었던 비용을 공사비 이익에 직간접적으로 반영해 손해를 회수하려 하기 때문이다.

만약 조합 집행부나 대의원 등 소위 '빅마우스'가 금품이나 식사 등을 제공받았다면 이는 더욱 치명적이다. 부정행위로 결탁하거나 포섭된 조합 임원은 조합이나 조합원 전체의 이익보다는 시공사의 이익을 위해 움직이게 된다. 즉 시공사와 운명공동체가 되어버리는 것이다. 결국 이로 인해 발생하는 손해와 부담은 조합원 개개인에게 돌아오기 마련이다.

서울 용산구 한남3구역은 2019년 시공사 선정과정에서 경쟁이 과열되면서 각종 비리의혹에 휩싸였다. 입찰에 참여했던 건설사의 홍보 대행사 직원이 조합원과 그 가족에게 돈 봉투를 넣은 책자를 제공하고 고가의 식사 등을 제공했다는 사실이 드러난 것이다. 이외에 시공사 입찰 과정에서 과도한 혜택을 약속한 것도 문제가 되었다.

　결국 국토부와 서울시가 부정행위 단속에 나섰고, 조합은 정부의 압박 속에 입찰 과정을 전면 무효화하고, 재입찰을 해야 했다. 이 과정에서 6개월 이상의 사업지연이 발생했다. 당시 입찰에 참여했던 업체들의 제안을 살펴보면 다음과 같다.

　A업체는 임대주택을 서울시에 매각하지 않고, 자회사를 설립해 전량 매입한 뒤, 일정 기간 뒤 분양으로 전환하는 방식으로 임대주택을 없애겠다고 제안했다. 한강 조망세대를 늘리고 특화설계에 따른 조합원 추가부담금을 받지 않겠다는 약속도 제안서에서 확인되었다.

　B업체는 최저 5억 원 이주비 보장과 주택도시보증공사(HUG) 보증 없이 사업비를 조달해서 금융수수료를 절감하겠다고 공언했다. 여기에 조합원 전용라운지를 제공하고 VIP카드혜택을 제공하겠다고 약속했다.

　C업체는 조합원 특별혜택으로 사업추진비 1,000억 원 지원과 업무제휴 공인중개사 거래 시 중개수수료 할인혜택, 분담금 최소화 보장을 약속했다. 여기에 벤츠 5대, 포드캠핑카 5대, 전기버스 2대, 전동스쿠터 10대, 전기자전거 10대, 전동킥보드 30대를 조합원에게 특별혜

택으로 제공하겠다는 내용도 제안했다.

한남3구역은 2022년 4월에도 전임 조합장과 임원들이 금품을 수수한 혐의로 경찰의 압수수색을 받기도 했다. 이런 풍파를 겪으면서 사업시행 중대변경과 관리처분인가도 계속 미루어졌고, 국공유지 양여협상 등 부가적인 행정절차의 처리시기도 놓쳤다. 잠깐의 흥행과 달콤한 제안 때문에 조합원 대다수는 장시간 동안 손해를 봐야 했던 셈이다.

재개발·재건축 사업의 속도는 인허가에 걸리는 시간을 얼마나 단축하느냐에 달려 있다고 해도 과언이 아니다. 인허가는 계획 변경 등의 변수를 줄이는 것이 가장 중요하다. 허용범위를 명확히 숙지하고 지자체의 지역 개발 의도를 명확히 인지하고 있으면 '모범답안'을 만들 수 있다. 특히 사업 추진 방향이 모두 담겨 있는 사업시행계획을 잘 짜야 한다. 시행계획수립은 분야별 심의를 통과하는 것부터 시작된다.

4장

밑그림을 잘못 그리면
덧칠로 허송세월이다

인허가 단계에서 주의할 점

인허가 절차는 생각보다
오래 걸리니 단단히 준비하자

인허가 절차는 재개발·재건축 사업의 시작과 끝이라고 해도 될 만큼 큰 비중을 차지한다. 실제로 착공 이후 입주까지 걸리는 시간은 길어도 2~3년을 넘기지 않는 데 반해 인허가는 5년에서 10년이 걸린다.

인허가는 재개발·재건축을 위한 행정절차다. 재개발·재건축 사업의 밑그림을 지자체로부터 승인받는 과정이다. 조합은 인허가 내용에 따라서 사업을 추진하고 집행해야 한다. 모든 계획은 인허가를 받지 않으면 소용이 없다.

실제로 재개발·재건축 사업의 속도는 인허가에 걸리는 시간을 얼마나 단축하느냐에 달려 있다고 해도 과언이 아니다. 투자자 입장에서도 인허가에 걸리는 시간이 매우 중요하다. 인허가를 받는 데 걸리는 시간이 단축되면, 그만큼 리스크가 줄어들고 이익 실현도 앞당길 수 있기 때문이다.

그래서 인허가 절차는 재개발·재건축 사업의 시작과 끝이라고 해도 될 만큼 큰 비중을 차지한다. 실제로 착공 이후 입주까지 걸리는 시간은 길어도 2~3년을 넘기지 않는 데 반해 인허가는 5년에서 10년이 걸린다.

🏢 인허가 절차가 오래 걸리는 2가지 이유

인허가 절차가 오래 걸리는 이유는 크게 2가지다.

첫 번째 원인은 인허가 구조 자체의 불합리성에 있다. 인허가 구조는 사업기간이 길어지는 근본원인으로 꼽힌다. 재개발·재건축 사업은 대부분의 인허가 과정이 기초 지자체에서 광역 지자체에 걸쳐 진행된다. 즉 어떤 계획을 세우거나 바꿀 때 단번에 승인을 받을 수 없는 구조다.

실제로 서울시를 기준으로 보면 인허가 하나를 최종적으로 승인받으려면 20개 이상의 부서 협의를 거쳐야 한다. 여기에 직급별 담당자마다 일일이 검토와 결재를 거쳐야 한다. 담당자가 바뀌어서 관련 내용에 대한 설명과 협의를 다시 해야 하기도 하고, 결정권자가 내용을 뒤집기도 한다. 구청의 승인을 받은 사안이 시청에서 반려되기도 한다. 내용이 반려되면 첫 단계부터 다시 절차를 진행해야 한다.

인허가 단계 중에는 불필요한 절차도 많다. 예컨대 서울시의 정비사업 자문 절차가 대표적이다. 이 절차의 도입 취지는 사업성을 미리 판단해 시간과 비용을 절감하자는 것이었다. 그런데 이제는 이 절차가 사업기간을 2~3개월 지연시키는 장애물이 되었다.

두 번째 원인은 계획을 변경해야 하는 일이 잦다는 것이다. 인허가 기간이 길어지면서 각종 조건이 달라지기 때문이다. 시간이 흐르면서 유행하는 평면구조나 주민들이 선호하는 마감재 등이 바뀐다. 인건비 등 공사비 원가도 변한다. 조합에서는 '이런 변화에 따라 계획을 변경하자'는 민심을 무시하기가 어렵다.

실제로 상당히 많은 조합이 최소 1회 이상 계획을 변경한다. 조합장 선거가 벌어지면 후보들이 사업계획이나 관리처분계획을 변경하겠다는 공약을 내걸면서 차별화에 나선다. 조합 집행부가 바뀌지 않더라도 수익성이나 평면 선호도 등을 이유로 계획을 바꾸기도 한다. 시공사에서 제안한 대안설계나 특화설계 적용을 위해서 사업계획을 바꿔야 하는 경우도 많다.

계획을 변경하려면 앞서 설명한 인허가 절차를 고스란히 반복해야 한다. 그만큼 시간이 지체될 수밖에 없고, 그동안 사업 속도는 떨어진다. 실컷 인허가를 준비했는데 반려되는 일도 흔하다. 그만큼 인허가 절차는 까다롭고 어려운 숙제다.

하지만 지나치게 걱정할 필요는 없다. 인허가 절차만큼 해결방법이 명료한 것도 드물기 때문이다. 인허가란 결국 관련법과 규정을 벗어날 수 없다. 허용범위를 명확히 숙지하고 지자체의 지역 개발 의도를 명확히 인지하고 있으면 '모범답안'을 만들 수 있다.

서울시는 2021년 신속통합기획이라는 제도를 도입했다. 서울시가 정비계획수립 등 가이드라인을 제시하고, 정비구역 지정까지 추진을 지원하는 일종의 패스트트랙 제도다. 쉽게 말해 초기 계획 단계부터 인허가 절차를 준비·신청하는 과정에 서울시가 참여한다는 의미다. 서울시는 이를 통해 사업기간을 2년 이상 단축시킬 수 있다고 설명한다. 건축·교통·환경영향평가 심의를 한 번에 받을 수 있는 '통합심의'를 해준다는 것을 제외하면 특별한 특혜를 주는 것도 아닌데 말이다.

신속통합기획이 사업기간을 줄일 수 있는 것은 서울시가 직접 '모범답안'을 만들도록 도와줘서다. 각종 심의나 인허가를 주관하는 서울시가 계획수립부터 인허가에 필요한 각종 준비에 대한 가이드라인을 세워주기 때문에 인허가를 수정해야 하거나 반려되는 일이 줄어드는 것이다.

또한 이를 반대로 생각하면, 신속통합기획처럼 '모범답안'을 만들 수 있으면 굳이 신속통합기획 후보가 아니어도 사업기간을 줄일 수 있다는 뜻이기도 하다.

사업시행은 사전 매뉴얼이니
허용범위부터 정확하게 파악하자

사업시행인가를 받기 위해서는 각종 심의부터 통과해야 한다. 사업시행은
처음 계획을 세울 때부터 꼼꼼히 준비해야 한다. 사업시행계획이 한번 확
정되면, 그 내용을 바꾸는 데 많은 비용과 시간이 들기 때문이다.

사업시행은 재개발·재건축 사업 전반에 대한 사항을 규정한다. 건물을 어떻게 배치하고 지을지부터 재개발·재건축 사업으로 인해 바뀌는 단지 안팎의 모든 사항까지 빼곡히 담고 있다.

사업시행계획에는 각종 행정절차에 대한 세부적인 내용이 모두 담긴다. 사업시행인가를 받으면 사업시행계획에 담긴 모든 세부적인 사항이 행정적으로 확정된다. 즉 구상과 준비 단계이던 사업이 구체화되고 본격화된다는 의미다.

사업시행계획은 처음 계획을 세울 때부터 꼼꼼하게 준비하는 것이 좋다. 사업시행계획이 한번 확정되면, 그 내용을 바꾸는 데 많은 비용과 시간이 들기 때문이다. 사업시행인가를 받고 변경인가를 해서 용

적률이나 가구 수를 바꾸겠다는 조합이 많은데, 이러다가는 대부분 1~2년 이상의 시간을 허비한다.

사업시행계획을 세울 때나 변경할 땐, 사업장이 소재한 지자체의 규정과 허용범위를 정확하게 파악하는 것이 중요하다. 지자체의 재량에 따라 법정한도가 남더라도 허용하지 않는 경우가 많기 때문이다. 같은 시·군·구라고 하더라도 지자체의 지역발전계획과 필요성 등에 따라 단지별로 허용범위가 다를 수 있다.

특히 변경인가를 하려면 지자체와의 원활한 소통이 중요하다. 조합의 변경 사항을 받아들일지는 전적으로 지자체의 재량에 달려 있기 때문이다. 실컷 계획 변경을 준비했는데 반려되는 바람에 다시 서류를 보완하는 데 시간과 비용을 허비해서 계획 변경으로 얻는 이득보다 손해가 더 커지는 경우도 있다.

서울 강남구 은마아파트는 서울 강남권의 대표적인 노후 재건축 단지지만, 추진위원회 설립 이후 약 20년 동안 조합설립도 못 한 채 시간을 보냈다. 이곳은 2003년 12월 재건축 추진위원회를 설립하고, 2010년 안전진단도 통과했다. 하지만 서울시가 정비 계획안 상정을 계속 반려하면서 사업이 답보했다. 최고 49층으로 짓겠다는 정비안을 내놓았다가 서울시 심의에 가로막혔던 것이다. 서울시가 한강변 35층 룰을 고수한 탓이다.

관리처분인가까지 받았다가 사업시행계획을 변경하는 조합도 많다. 이 경우 관리처분 절차도 다시 진행해야 한다. 관리처분 절차에는 조합원 동·호수 추첨과 분양신청 등이 포함되어 있다. 이 모든 것을 다시 해야 한다. 시간과 비용이 2배로 드는 것이다. 그러므로 최대한 계획을 변경하지 않고 원안부터 명품단지가 될 수 있도록 준비하는 것이 중요하다.

변경인가가 무조건 나쁘다는 것은 아니다. 용도구역 상향으로 용적률을 높일 수 있게 된 경우, 시간과 비용을 들이더라도 용적률 상향을 통해 가구 수를 늘려서 이득을 키울 수 있다.

주의할 점도 있다. 용도구역 상향으로 변경인가를 하는 사업장은 오랜 시간 동안 사업이 정체된 곳이 많다. 변경인가를 받는다고 사업이 곧바로 빨라지는 곳은 드물기 때문에 사업이 정체되었던 배경을 꼼꼼히 확인하는 것이 좋다.

사업시행 전 넘어야 할 산, 각종 심의는 어떻게?

사업시행인가를 받기 위해서는 각종 심의부터 통과해야 한다. 심의는 재개발·재건축 단지가 들어서면서 주변에 끼치는 영향에 대해 다룬다. 교통·교육 등이 주로 다루어진다. 세부적으로는 건축물의 건축 및 특별건축구역의 지정 등에 관한 사항(건축심의), 경관에 관한 사항, 교육환경영향평가, 도시·군관리계획, 교통영향평가, 재해영향평가, 환경영향평가 등이 있다.

2020년 6월 촬영한 서울 송파구 잠실주공5단지 모습. 잠실주공5단지는 학교부지 기부
채납 문제로 서울시 교육청과 서울시가 대립하면서 상당 기간 사업이 지연되었다. 도시
정비사업은 사업시행인가를 받기 전에 법률과 조례로 정해진 각종 심의를 통과해야 한
다. 최근에는 환경이나 교육의 중요성이 더욱 커지면서 심의절차가 예전에 비해 더욱 까
다로워지고 있다.

이 중 교육환경영향평가나 환경영향평가는 재개발·재건축 사업의
발목을 잡는 주요 요인으로 꼽힌다. 심의 내용 자체가 까다로운 데다
가, 그 중요성이 갈수록 커지고 있기 때문이다.

교육환경영향평가는 재개발·재건축 등 정비사업이 학생 수, 학교
환경, 안전 등 교육환경 전반에 미치는 영향을 평가하는 심의제도다.
각 광역자치단체의 교육청에서 이 평가를 진행한다. 사업지로부터 반
경 200m 이내에 학교가 있으면 교육환경영향평가를 의무적으로 받

아야 한다.

　교육환경영향평가에 따라 최대 3번까지 사업 보류 판정을 내릴 수 있다. 보류 판정을 받으면 조합은 관련사항에 대해 보완 계획을 세워서 다시 영향평가를 신청해야 한다. 계속 반려될 경우에는 재건축 사업이 아예 틀어질 수도 있다.

　실제로 서울 송파구 잠실주공5단지는 2018년부터 교육환경영향평가를 받았지만 계속된 반려로 3년 넘게 사업이 지연되었다. 서울시 교육청은 단지 내 신천초등학교 부지 이전 및 기부채납을 놓고 학교 규모를 현재 약 1만 4,400m²에서 1만 6,000m²로 확대해야 한다고 요구했다. 서울시는 임대주택 공급이 줄어들 수 있다면서 서울시 교육청의 요구를 거부했다. 결국 2021년 8월 서울시 교육청의 요구안대로 교육환경영향평가 심의를 통과했다.

　교육환경영향평가에서 학교 일조권 때문에 손해를 본 곳도 있다. 서울 서초구 신동아아파트는 2019년 설계변경을 하면서 사업시행인가 변경을 신청했다. 그런데 설계가 변경되면서 문제가 생겼다. 교육청이 단지와 맞붙은 서이초등학교의 일조권이 침해된다는 의견을 제시한 것이다. 서울시는 일조권 문제를 해결하면 사업시행 변경을 승인하겠다는 조건부 승인을 했다.

　하지만 해를 넘길 때까지 조합은 일조권 문제를 해결하지 못했고, 교육환경영향평가를 통과하지 못하면서 사업시행 변경도 계속 미루어졌다. 결국 조합은 2020년 5월 조합장과 집행부를 해임했다. 이후 해임된 조합장이 소송을 제기하면서 사업은 소송이 마무리된 2021년 1월까지 지연되었다.

부산 수영구 남천동 삼익비치(남천2구역) 재건축 조합도 인근에 위치한 광남초등학교의 일조권 때문에 층수와 가구 수를 줄였다. 남천2구역이 서초 신동아아파트와 달랐던 점은 조합의 발 빠른 대처로 사업 지연은 막을 수 있었다는 것이다.

삼익비치 조합은 2022년 2월 부산시 교육청이 보류 판정을 내리자 1개월 만에 광남초등학교의 일조권에 영향을 끼치는 아파트 1개 동의 층수를 기존 28층에서 25층으로 낮추기로 하면서 3월에 심의를 통과했다. 이 과정에서 13가구가 줄어들었지만, 교육청과 힘겨루기를 해서 발생할 수 있었던 시간과 비용의 손해를 피했다.

환경영향평가도 재개발·재건축 사업에 끼치는 영향이 크다. 환경영향평가는 사업이 환경에 미칠 각종 부정적 영향을 사전에 분석·검토하는 심의과정이다. 환경영향평가는 통상적으로 1년 정도의 시간이 걸린다.

환경영향평가는 크게 자연환경, 생활환경, 사회·경제 환경의 3가지 분야로 나눠서 진행된다. 자연환경에는 기상·지형·지질·동식물·해양환경 등이 포함된다. 생활환경에서는 토지의 이용·대기질·수질(지표·지하)·토양·폐기물·소음·진동·악취·전파장해·일조장해·위락·경관·위생·공중보건 등을 다룬다. 사회·경제 환경에서는 인구·주거·산업·공공시설·교육·교통·문화재 등이 있다.

최근 환경영향평가 내에서 가장 큰 난적은 '오염토'와 '하수처리'다. 오염토는 정화작업에 많은 비용이 들고 시간도 많이 걸린다. 전문 업체도 많지 않다. 하수처리에 관해서는 우·오수雨 汚水 처리계획과 함께 관할 지자체의 수질오염 총량도 신경 써야 한다.

오염토가 발견되면 정밀조사를 거쳐서 정화작업을 해야 한다. 그런데 이 비용이 만만치 않다. 예상치 못한 추가 분담금이 발생하는 것이다. 정화작업이 진행되는 동안 사업도 지연된다. 심지어 2021년부터는 각종 기준치가 더 강화되었다.

실제로 2021년 5월 오염토가 발견된 서울 서초구 방배5구역의 경우 조합원 1명당 약 1억 원의 추가 분담금을 내야 하는 상황에 처했다. 이 과정에서 오염토 발견 사실을 빨리 알리지 않은 책임을 물어서 조합 집행부가 해임되기도 했다.

하수처리에 관해서는 하수처리총량관리제도와 하수처리능력의 한계가 가장 큰 암초로 꼽힌다. 서울을 비롯한 수도권 도시는 갈수록 고밀화되고 있다. 가구 수가 늘어나고 인구가 증가하면서 처리해야 할 하수도 늘어나고 있다. 우리나라는 지자체별로 목표수질을 설정하고, 오염물질의 배출총량을 관리한다.

만약 오염물질의 배출총량이 한계에 다다르면 개발 사업에 제동이 걸릴 수밖에 없다. 생활 오·폐수가 많이 발생하는 대단지 아파트도 치명적이다.

배출총량을 줄이려면 각 시설에서 나오는 오염물질을 줄이거나, 하수처리시설(물 재생시설)을 충분히 갖춰서 정화를 해야 한다. 그런데 문제는 주민 대부분이 하수처리장을 추가로 설치하는 것을 반대한다는 것이다. 이른바 '님비$^{NIMBY·Not In My Backyard}$' 현상이 일어나는 것이다. 이 과정에서 지자체 간에 갈등을 빚기도 한다.

하수처리 문제가 해결되지 않으면 당연히 아파트 공급도 중단될 수밖에 없다. 하수처리장을 신설할 때도 환경영향평가를 받아야 하기 때문에 문제가 장기화될 가능성이 크다.

실제로 서울과 가까운 경기도 과천시는 하수처리 문제에 대한 고민이 갈수록 커지고 있다. 과천시는 3기 신도시와 재건축 사업이 진행되면서 폭발적으로 가구 수가 늘어나고 있다. 이에 따라 기존에 있던 지하철 4호선 선바위역 인근은 하수처리 용량이 한계치에 다가가고 있다. 그런데 2013년부터 추진중인 과천시 하수처리장 현대화·증설 작업이 진척되지 못하고 있는 상태다.

각종 심의를 받을 땐, 빠른 결과 수용과 대처가 가장 중요하다. 심의는 말 그대로 기관으로부터 받는 심사다. 심사 내용을 거부하면 당연히 사업이 지연될 수밖에 없다. 심사이기 때문에 결과를 뒤집기도 어렵다. 심의 준비과정에서 철저한 근거자료를 준비하되, 원하는 결과가 안 나왔을 때는 결과를 수용하면서도 최대한 손해를 줄이는 방법을 찾아내야 한다.

🏢 사업시행계획은 재개발·재건축의 '백년대계'

사업시행계획에는 재개발·재건축 사업의 웬만한 내용이 다 담긴다. 건물의 높이나 용적률을 포함한 건축계획과 건축물의 배치, 임대주택 비율, 주민이주대책 등이 사업시행계획서에 모두 포함된다.

사업시행계획은 총회 의결을 거쳐서 인허가 관청의 승인을 받아야 한다. 총회 통과를 위해서는 토지등소유자의 과반수의 동의 및 토지면적 1/2 이상의 토지소유자의 동의가 필요하다. 인가받은 사항을 변경하거나 정비사업을 중지 또는 폐지하려는 경우에도 똑같은 절차를 거쳐야 한다.

사업시행에 포함되는 구체적인 사항은 총 13가지다. 이를 큰 틀에서 분류하면, 아파트와 부대시설을 비롯한 각종 건축물과 기반시설을 짓는 건설공사에 관한 사항과 거주민의 주거에 관한 사항, 사업지 관리에 관한 사항, 그 외 관련사항으로 나눌 수 있다.

건설공사에 관한 사항에는 토지이용계획(건축물배치계획 포함), 정비기반시설 및 공동이용시설의 설치계획, 건축물의 높이 및 용적률 등에 관한 건축계획이 있다. 재개발·재건축으로 짓는 아파트와 근린생활시설뿐 아니라 상하수도시설과 소방시설 등 정비기반시설이 포함된다. 기부채납을 통해 지어지는 공동이용시설도 있다.

건설공사에 관한 사항은 사업시행계획 내에서도 신경 쓸 부분이 많은 항목이다. 실질적으로 투입하는 비용도 가장 크다. 용적률과 건물

배치, 평면 등은 단지규모를 결정하기도 하지만 일반분양을 통한 수익과도 직결된다. 기부채납도 단순히 공공에 일정 비용을 지불하는 데 그치는 것이 아니라 입주민의 생활 편의성에 많은 영향을 끼친다.

건설공사와 관련한 사항은 사업시행 변경의 주요 대상이기도 하다. 시공사의 대안설계나 특화설계를 적용할 때도 건설공사와 관련한 사항에 대한 변경인가가 필요하다. 비용 문제나 행정적인 이유로 내용이 바뀌기도 한다.

주민거주에 관한 사항에는 임시거주시설을 포함한 주민이주대책, 세입자의 주거 및 이주 대책이 있다. 주민이주대책으로는 주로 이주비를 대출해주고, 조합원이 전세 등 사업기간 동안 머무를 집을 구하는 것이 일반적이다. 대체주택제도를 이용해 매매를 하는 방법도 있다. 세입자의 경우 이사비용을 지원하는 것이 일반적인데, 공공임대주택에 거주하는 세입자 등에게는 준공 이후 임대주택을 우선 임차할 수 있는 권리를 주기도 한다.

재개발·재건축 사업은 치안이나 폐기물 관리도 중요하다. 이주·철거 기간이 되면 주민들이 모두 집을 비우고 나가기 때문에 빈집이 많아져서 치안이 불안해진다. 주민들이 놔두거나 버리고 간 각종 생활폐기물과 기존 건물을 철거하면서 발생하는 건설폐기물도 처리해야 한다. 그래서 사업시행계획에는 사업시행기간 동안 정비구역 내 가로등 설치, 폐쇄회로 텔레비전 설치 등 범죄예방대책과 정비사업의 시행과정에서 발생하는 폐기물의 처리계획도 포함된다.

이외에도 교육시설의 교육환경 보호에 관한 계획(정비구역으로부터 200m 이내에 교육시설이 설치되어 있는 경우)과 그 밖에 사업시행을 위한 사항으로서 대통령령으로 정하는 바에 따라 시·도 조례로 정하는 사항도 사업시행계획에 포함된다.

위의 사항들을 포함해 재개발·재건축 사업을 위한 각종 절차에 드는 비용을 계산한 정비사업비도 사업시행계획에 담긴다.

사업시행계획은 성공적인 재개발·재건축을 위한 '백년대계'다. 사업시행계획에 담기는 각각의 세부사항 중 하나라도 결함이 생기면 비용과 시간이 축난다. 실제로 많은 조합이 사업시행 변경인가에 상당한 시간을 허비하고 있다. 사업시행계획을 수립할 때 충분한 시간과 노력을 기울였다면 일어나지 않았을 일이다.

📇 사업시행인가일을 정확히 기억하자

사업시행인가를 받은 날을 정확히 기억하고 후속 조치를 해결하는 것도 사업시행계획을 준비하는 것만큼 중요하다. 사업시행인가일은 권리산정기준일과 함께 각종 행정과 법적인 처리절차의 기준일이 된다. 사업성을 예측하고 조합원 분양을 신청할 때 필요한 종전자산평가도 사업시행인가 고시일을 기준으로 매겨진다. 정해진 절차를 제때 처리하지 않으면 예상외 비용과 시간이 추가로 들게 된다.

지자체는 사업시행을 인가할 때 유효기간을 정해놓는다. 유효기간을 연장하려면 변경인가를 받아야 한다. 변경인가는 사업시행인가를 받는 과정을 똑같이 되풀이해야 하기 때문에 웬만하면 피하는 것이 좋다.

대법원 판례에 따르면, 유효기간이 지났다고 해서 사업시행이 취소되는 것은 아니다. 하지만 토지를 수용하는 수용재결 권한이 소멸되어 이를 회복하는 행정절차를 추가로 밟아야 한다. 환경영향평가 등 다시 받아야 하는 각종 심의도 많다.

'국공유지 양여'는 사업시행인가일을 기준으로 유효기간을 정해놓은 대표적인 행정절차다. 국공유지 양여는 재개발·재건축이 진행되는 부지 내 국유지나 공유지를 무상으로 넘겨받거나 사들이는 절차로, 사업시행인가 3년 이내에 해야 한다. 유상으로 양여를 받을 땐 종전자산평가로 책정된 감정평가액을 기준으로 가격을 책정한다. 이 기한을 넘기면 감정평가를 다시 해야 한다. 감정평가를 다시 하면 재개발·재건축 호재로 뛰어오른 땅값만큼 비용이 증가할 수밖에 없다.

실제로 서울 용산구 한남3구역은 기한 내에 국공유지 양여 문제를 해결하지 못하면서 약 700억 원의 손해를 봤다. 한남3구역은 2019년 3월 29일 사업시행인가를 받았기 때문에 2022년 3월 28일까지 매수를 마쳤어야 했다. 하지만 부지 내 국공유지 3만 6,453㎡ 중 1만 2,513㎡를 기간 내에 매입하지 못했다. 이 기간 동안 땅값은 2배 가까이 뛰었다.

물론 속사정이 있었다. 한남3구역은 사업시행인가 이후에 시공사 입찰을 진행했다. 그런데 금품제공 혐의문제가 불거지면서 시공사 입찰을 다시 진행했다. 금품제공 관련 조사에 대응하고 시공사 입찰 관련 업무를 진행하느라 다른 문제가 뒷전으로 밀렸다. 이후에는 조합장 선거가 치러지면서 행정절차가 계속 미루어졌다.

조합 집행부와 조합원 다수가 시공사 입찰 등 다른 현안 문제에만 관심을 가지느라, 사실 문제될 것이 아닌 일이 예상치 못한 지출을 불러온 셈이다. 만약 국공유지 양여로 비용이 증가할 수 있다는 사실을 제대로 인지했다면 조금 더 적극적으로 문제를 해결했을 것이다. 해결을 하지 못했더라도 관련 비용을 미리 공탁해 시효를 중지시켰다면 자산평가를 다시 할 필요까진 없었을 것이다.

혹하는 시공제안의 함정,
대안·특화설계의 장단점을 알자

대안설계는 '독이 든 성배'다. 설계를 변경하려면 사업시행 변경인가를 받아야 하기 때문이다. 대안설계와 특화설계는 기존의 설계를 완전히 벗어난 '중대변경'이 필요한 경우가 대부분이다.

대안설계는 사업시행인가를 받은 단지 설계안이 아닌 건설사가 새로 만든 설계를 적용하는 것을 말한다. 최근에는 시공사 입찰 단계에서 대안설계나 특화설계를 제안하는 건설업체가 많다.

대안설계의 장점은 대기업의 기술력과 디자인 실력을 반영한 설계를 적용할 수 있다는 것이다. 우리나라 재개발·재건축 사업은 대부분 그룹사에 소속된 대형 건설사가 수주한다. 아무래도 조합의 기본 설계보다 미적으로나 기술적으로 더 나은 부분이 있다.

가령 마감재를 바꿔 내·외관의 미관을 좋게 만들 수 있다. 주택형을 조정해서 일반분양 수익을 올릴 수 있고, 주택 내부 평면을 세련되게 구성할 수도 있다. 주동 배치를 바꿔서 일조량과 동선을 더 효율적으로 바꾸기도 한다.

대안설계를 채택하면 해당 건설사의 브랜드상품을 많이 반영할 수 있다. 특히 아파트 브랜드를 중요하게 여기는 우리나라에서는 브랜드 상품을 얼마나 많이 적용했는지가 집값을 좌우하기도 한다. 대부분 조합이 기본설계를 할 때 미관이나 기술력보다는 법적인 부분을 충족시키는 데 주안점을 두는 것도 대안설계와 기본설계의 격차를 벌어지게 한다.

상황이 이렇다 보니 대다수 재개발·재건축 조합원들은 시공사가 대안설계를 제시하지 않으면 입찰 의지가 없다고 해석하기도 한다. 실제로 대안설계를 제시한 건설사와 원안설계로만 입찰한 건설사가 입찰경쟁을 벌이면 대안설계를 제시한 쪽의 승률이 월등하게 높다. 오죽하면 원안설계만 제출한 업체는 유찰을 방지하기 위한 '들러리'로 취급받기도 한다.

사실 대안설계는 '독이 든 성배'다. 설계를 변경하려면 사업시행 변경인가를 받아야 하기 때문이다. 물론 기존 설계안의 사업비 대비 10% 안으로만 설계를 바꾸면 '경미한 변경'으로 인정되어 관할 지자체에 간단한 신고만 하면 된다. 하지만 대안설계와 특화설계는 기존의 설계를 완전히 벗어난 '중대변경'이 필요한 경우가 대부분이다.

중대변경은 사업시행인가를 처음부터 다시 받는 것과 같다. 사업시행 변경 권한은 시공사나 조합에 있는 게 아니다. 전적으로 지자체의 권한과 재량이다. 지자체 입장에서는 자신들이 승인한 사업시행계획

서울 용산구 한남3구역 원안 설계 조감도. 사업초기 단계에서 조합은 설계도를 만들어서 제출한다. 이 시기는 사업시행인가를 통과하는 것이 중요하기 때문에 최대한 지자체의 규정을 엄격하게 적용해 설계안을 만드는 조합이 많다.

을 단순히 조합과 시공사의 요청을 받았다고 해서 손바닥 뒤집듯 바꾸는 것이 달가울 리 없다.

그래서 최초 사업시행인가를 받는 것도 쉽지 않지만, 변경인가는 더 까다롭기 마련이다. 이 때문에 대다수 조합이 사업시행 변경에 많은 시간과 비용을 손해 본다. 사업시행 변경인가를 받으려면 아무리 짧게 잡아도 1년은 걸린다.

이렇게 시간과 비용을 들이고도 결국 사업시행 변경인가를 받지 못하는 곳도 많다. 이 경우 대안설계는 막대한 손해와 실망만 안기고 사라지는 '신기루'에 불과하게 된다.

현대건설의 대안설계를 적용한 한남3구역 투시도. 시공사는 재개발·재건축 사업 입찰 과정에서 각 기업의 특성과 장점을 살린 대안설계나 특화설계를 제안하기도 한다. 건설사의 브랜드상품 등을 반영하는 것도 대안설계를 통해 이루어진다. 단, 대안설계는 또다시 지자체의 승인을 거쳐야 하기 때문에 사업기간이 그만큼 길어지게 된다.

많은 시공사가 사업설명회나 홍보기간 동안 대안설계를 홍보하면서 "법적인 부분과 실제 변경 사례를 모두 확인·검토했다"고 말한다. 하지만 시공사의 이런 자신감은 막상 사업시행 변경 절차에 돌입하면 별로 도움이 안 된다.

시공사가 거짓을 말한 건 아니다. 하지만 법적으로 가능하다고 해서 무조건 실현으로 이어지는 것이 아니다.

오히려 반대의 경우가 많다. 옆 단지가 되었다고 해서 우리 단지가 된다는 보장이 없다. 조합과 설계사가 최초 설계안을 만들 때 가능한 것을 괜히 일부러 축소하지 않는다. 최초 설계안이 이유 없이 만들어지지 않는다.

🏢 대안설계는 독이 든 성배

잊지 말아야 할 점은 시공사는 사업시행 변경에 실패해도 아무런 책임을 지지 않는다는 것이다. 대부분의 시공사가 "우리는 대안설계를 적용하기 위해서 최대한 노력했으나, 지자체에서 거부했다"라는 핑계만 댈 뿐이다. 입찰 때 기본설계와는 비교도 안 되는 좋은 설계를 가져와서 "층수도 높이고 가구 수도 늘리고, 비용은 오히려 줄이겠다"던 약속은 그야말로 '공약空約'이 되어버린다.

대안설계가 무산되면 조합과 시공사 사이에는 갈등이 생기게 된다. 조합원 중에는 대안설계 적용을 위해 사업시행 변경인가가 필요한지 모르는 경우가 많다. 번쩍번쩍한 대안설계를 보고 시공사를 뽑았는데 뒤통수를 맞았다고 여기기 마련이다. 배신감을 느낀 조합원이 시공사를 곱게 볼 리 만무하다.

2022년 초 서울 용산구 한강맨션재건축 조합은 GS건설을 시공사로 선정했다. GS건설은 기존 조합의 35층 설계안과 별개로 68층 대안설계안을 제안했다. 한강변 층수 규제가 풀릴 것이라는 기대가 대안설계안의 근거가 되었다. 하지만 규제가 풀리지 않았을 때 어떤 방법을 취해야 할지는 책임소재가 불분명하다.

대안설계 적용에 실패한 조합은 시공 계약을 해지하거나 시공사를 교체하기도 한다. "원안설계로 건물을 짓더라도 배신자와는 하지 않겠다"는 주장이 힘을 얻기 때문이다.

시공사 계약을 해지하면 새로운 시공사를 선정해서 계약하고 사업을 인수인계하는 데 시간을 뺏기게 된다. 기존 시공사가 시공권을 뺏기지 않기 위해 '시공자 지위 확인 소송'을 제기하거나 손해배상 소송을 제기하면 문제는 더욱 장기화된다. 이미 착공까지 한 곳이라면 더 많은 비용과 시간이 축난다.

서울 동작구 흑석9구역은 대안설계를 적용하지 못하게 되면서 큰 손해를 봤다. 흑석9구역은 2018년 롯데건설을 시공사로 선정했다. 롯데건설은 기존 설계보다 3층을 높인 최고 28층 아파트를 짓겠다는 대안설계를 제시했다. 특례조항을 이용하겠다는 전략도 내세웠다.

하지만 서울시가 최고 25층 층수제한을 고수하면서 사업시행 변경에 실패하고 말았다. 흑석9구역은 이후 조합 내 갈등 끝에 2020년 조합 집행부가 교체되고 시공사 계약까지 해지했다. 흑석9구역은 이후 2021년 말 현대건설을 새로운 시공사로 선정하기 전까지 사업이 장기간 지연되었다. 층수도 결국 25층을 유지해야 했다.

2017년 시공사를 선정했던 서울 송파구 잠실 미성크로바도 대안·특화설계로 골머리를 앓았다. 당시 롯데건설은 가구 수 증가와 내·외관 디자인 변경을 담은 대안설계를 제시해 시공사로 선정되었다. 특별구역지정을 받아서 충분히 가능하다고 설명했다.

하지만 서울시와의 협의과정에서 설계가 계속 변경되었고, 일명 '성냥갑 아파트'라고 불리는 판상형* 평행 동 배치로 구상이 바

판상형: 아파트는 구조에 따라 판상형과 타워형으로 나뉜다. 판상형은 일자형으로 배치된 형식이며, 타워형은 탑 모양의 구조를 띠고 있다.

꿔었다. 이에 불만을 가진 조합원들은 조합 집행부를 해임했다. 결국 잠실 미성크로바는 이후 전임 조합 집행부와 시공사와의 장기간 소송전에 돌입하면서 사업이 표류했다.

서울 서초구 신반포15차 재건축도 각각 대안설계 도입과정에서 시공사인 대우건설과 갈등을 빚으면서 계약해지로 이어졌다. 이후 삼성물산을 시공사로 선정했는데, 대우건설이 제기한 소송에서 조합이 패소하면서 막대한 소송비용과 손해배상액을 물어야 했다.

최근에는 시공사 교체를 쉽게 생각하는 경향이 커지고 있다. 시공사를 교체하면 기존에 투입된 비용만 지불하는 걸로 끝이 아니다. 막대한 손해배상 비용이 발생한다. 최소 몇백억 원 단위다. 사업시행 변경 실패나 공사비 증액을 이유로 시공사를 교체하곤 하는데, 보통은 법원이 시공사 과실을 인정하지 않는다. 시공사를 교체하려면 손해배상금을 반드시 염두에 둬야 하는 이유다.

가장 현명한 방법은 시공사가 대안설계를 제시했을 때 사업시행 변경이 충분히 가능한지 등 실현 가능성을 꼼꼼히 따져보는 것이다. 더 좋은 방법은 대안설계가 필요 없는 훌륭한 원안설계를 만드는 것이다.

쏟아지는 무상옵션,
하지만 세상에 공짜는 없다

무상옵션을 보고 시공사를 뽑았다가 결국 어떤 방식으로든 비용을 치르게
된다. 시공사는 이런 비용을 청구할 때 결격사유가 없도록 모든 검토를 거
치고 이와 관련한 계약조항을 만들어놓기 마련이다.

건설사들은 '무상옵션'이라는 카드로 시공사 선정 단계에서 조합
원들을 현혹한다. 무상옵션은 기본 분양가 외에 추가 비용을 내지 않
고 각종 설비나 가전제품, 가구 등을 제공하는 것을 말한다. 재개발·
재건축 사업에서는 시공사가 조합원의 선택을 받기 위해서 일반분양
과 다른 추가 옵션을 제공하는 '조합원 무상옵션'을 제안하기도 한다.

실제로 재개발·재건축 수주전이 벌어지면 건설사들은 무상옵션이
라는 명목으로 다량의 제품을 끼워 넣어서 조합원들에게 홍보한다.
이러한 추세는 갈수록 과열되고 있다. 조합원 입장에서는 합법적으로
공짜 선물을 받는 것 같아서 시공사 선정 때 아무래도 마음이 더 기울
기 마련이다.

그런데 과연 무상옵션이 말 그대로 돈을 내지 않는 무상無償일까? 결코 그렇지 않다. 국토교통부가 2018년 조사한 결과에 따르면, 당시 강남권 5개 재건축 조합(반포주공1단지 1·2·4주구, 서초 신동아아파트, 방배6, 방배13, 신반포15차)에서 무상옵션을 준다고 했지만 실제론 유상으로 처리한 것이 발각되었다.

구체적인 사례를 보면 다음과 같다. 반포주공1단지 1·2·4주구 재건축 공사를 수주한 현대건설은 5,026억 원어치의 무상옵션을 제공하기로 했지만 이를 모두 총공사비 2조 6,363억 원에 포함시켰다. 대림산업도 서초 신동아아파트에 232억 원, 방배6구역에 109억 원의 무상옵션을 공사비에 중복으로 청구했다. 대우건설도 신반포15차 공사에서 56억 원 규모의 무상옵션을 공사비에 포함해 넣었다.

건설업계에서는 "무상옵션이 실제로 무상인 경우는 거의 없다고 봐야 한다"고 말한다. 실제로 무상옵션을 제공했더라도 다른 품목에서 이윤을 남기는 경우가 많다. 다른 유상옵션의 가격을 높게 책정하기도 한다. 일반분양을 할 때 비용을 전가하는 사업장도 있다. 물가 상승과 자재비 상승을 이유로 공사비를 증액할 때 슬그머니 비용을 더 높이는 방법도 쓰인다.

'발코니 확장비'는 무상옵션 비용을 메우는 대표적인 방법으로 쓰인다. 최근 웬만한 아파트에서는 발코니 확장비가 유상으로 제공된다. 가격은 적게는 수백만 원에서 많게는 수천만 원에 달한다.

심한 곳은 억대의 발코니 확장비를 요구하기도 한다. 2020년 10월 분

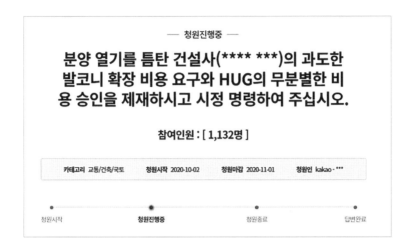

— 청원진행중 —

분양 열기를 틈탄 건설사(**** ***)의 과도한 발코니 확장 비용 요구와 HUG의 무분별한 비용 승인을 제재하시고 시정 명령하여 주십시오.

참여인원 : [1,132명]

| 카테고리 교통/건축/국토 | 청원시작 2020-10-02 | 청원마감 2020-11-01 | 청원인 kakao - *** |

청원시작 　　청원진행중 　　청원종료 　　답변완료

과도한 발코니 확장비용을 제재해달라는 국민청원. 분양가상한제 등 분양가 규제가 강력하게 시행되면서, 건설사들은 분양가 외에 책정할 수 있는 추가 비용을 통해 이익을 추구하기도 한다. 특히 발코니 확장비용은 최근 몇 년 사이에 비용부담이 크게 증가한 대표적인 항목으로 꼽힌다.

양한 '부천소사 현진에버빌'은 분양가가 3억 4,500만~6억 6,200만 원 선에 책정되었는데, 발코니 확장비를 평형별로 8,600만~1억 4,100만 원을 추가로 내도록 했다.

　불과 몇 년 전까지만 해도 발코니 확장을 무상옵션으로 제공하던 곳이 많았던 것을 생각하면, 발코니 확장비가 과도해진 것은 이상한 일이다. 공짜이던 옵션의 가격이 갑자기 뛰어오른 배경에는 무상옵션 비용을 충당하려는 의도가 숨겨져 있다.

　발코니 확장비가 공사비 충당의 주요 단골이 된 것에는 그럴 만한 사정이 있다. 최근에는 가격에 상관없이 발코니 확장 옵션을 선택하는 것이 추세가 되었다. 그만큼 수익이 확실한 품목이란 이야기다. 여기에 추가 자재비나 공사비를 크게 들이지 않아도 된다는 것도 건설사 입장에서는 유리한 요소다.

🏢 결국 어떤 방식으로든 비용을 치러야 한다

각종 추가 비용에 민감한 조합원이나 일반분양자들이 유독 발코니 확장비에는 민감하지 않은 이유가 뭘까. 발코니를 확장하지 않고 입주한 뒤 사비를 들여서 발코니 확장 리모델링 공사를 하면 최소 2,000만 원에서 5,000만 원까지의 비용이 든다. 일반인이 생각하기에는 리모델링 공사비와 확장비 차이가 크지 않으니 발코니 확장비를 당연히 내야 되고 낼 수 있는 돈으로 여긴다.

건설사 입장에서는 이런 소비자의 인식에 더해 각종 유리한 점이 많다. 발코니 확장비는 굳이 다른 품목들처럼 자재 단가나 시공원가를 세세하게 제시하지 않아도 된다. 그리고 발코니 확장은 다른 옵션과 달리 시공 단계에서 처음부터 확장형으로 공사를 하기 때문에 추가 비용이 들어가지 않는다.

발코니 확장을 하면 오히려 비용이 남을 수도 있다. 발코니 설치를 위한 벽체 공사나 발코니와 주택 사이에 들어가는 창호 비용도 아낄 수 있다. 최근 창호 가격만 해도 수백만 원에서 수천만 원이 넘는다. 이 비용을 아끼는 것이다. 타일 등 바닥재 가격은 거실에 적용하는 것이나 발코니나 큰 차이가 없고, 추가 공사라고 해봤자 난방을 위한 배관을 추가로 설치하는 정도다. 배관설치비용은 2022년 기준 통상 300만~500만 원 정도다.

무상옵션을 보고 시공사를 뽑았다가 결국 어떤 방식으로든 그 비용을 유상으로 치러야 한다는 것을 알아도 그땐 이미 늦다. 시공사는 이런 비용을 청구할 때 결격사유가 없도록 모든 법률적 검토를 거치고, 이와 관련한 계약조항을 만들어놓기 마련이다. 특별한 결격사유가 있지 않은 이상, 시공사를 아무 비용도 들이지 않고 교체할 수는 없기 때문이다.

옵션을 제공하는 하청업체를 교체하는 것도 쉽지 않다. 하청업체를 교체하려면 원청 시공사가 손해배상을 해야 하기 때문이다.

실제로 서울 동작구 흑석3구역은 2021년 과도한 발코니 창호 비용을 문제 삼아서 창호 업체와의 계약을 해지했다가 공사 중단 사태를 맞았다. 이미 2019년에 창호 비용이 과도하게 책정되었다는 사실이 언론을 통해 흘러나왔지만, 착공할 때까지 이를 바로잡지 못했다. 2021년 조합이 교체되고 발코니 창호 업체와 계약을 해지했는데, 원청 시공사인 GS건설이 옵션 선택을 하지 않았다는 이유로 공사를 중단했다. 결국 조합은 3개월 만에 창호공사 계약을 다시 하고 공사를 재개했다.

세상에 공짜는 없다는 것을 반드시 명심해야 한다. 기업은 이윤을 남기기 위한 조직이다. 심하다 싶을 정도로 많은 혜택과 무상옵션을 제시할 때는 그 외의 부분에서 이득을 볼 수 있다는 계산이 이미 세워져 있다. 그러므로 치렁치렁 안겨주는 선물보다 내실을 튼튼히 하는데 집중해야 한다.

인허가 단계에서
돌발 리스크 관리는 이렇게 하자

예상치 못한 문제가 발생했을 땐 조합원들에게 정보를 투명하게 공개하고
해결방법을 빠르게 결정하는 것이 중요하다. 정보를 투명하게 공개하면
당장은 소란이 일어나겠지만 머리를 맞댈 시간이 늘어난다.

조합의 모든 정보가 투명하게 공개되는 것도 중요하다. 재개발·재
건축 사업에서는 언제든 예상치 못한 문제가 생길 수 있다. 조합 임원
을 잘 뽑고, 전문성을 갖춘 각종 협력사와 시공능력평가 상위권의 대
형 시공사를 선임해도 어쩔 수 없는 문제도 많다.

가령 공사를 하면서 발생한 소음으로 주변 주민이 다량의 민원을
제기할 수도 있고, 땅을 파다가 예상치 못한 거대암석을 발견하거나
쉽게 무너지는 연약지반이 나타날 수도 있다. 도심지에서는 난개발
시대에 묻혔거나 노후 배관에서 새어 나온 오염물질로 인해 오염토가
검출되는 곳도 많다.

이런 예상치 못한 문제가 발생했을 땐 정보를 투명하게 공개하고

해결방법을 빠르게 결정하는 것이 중요하다. 조합에서는 갑자기 문제가 발생하면 원인을 파악하고 이로 인해 얼마나 사업이 지연될지, 비용은 얼마나 들지 판단해야 한다. 정보를 투명하게 공개하면 당장은 소란이 일어나겠지만 머리를 맞댈 시간이 늘어난다. 이를 통해 조합원들이 시간과 비용이 발생할 수밖에 없는 이유를 납득해야 한다.

그런데 간혹 추가 비용부담에 대한 반발이 두려워서 이를 숨기고 다른 방법을 찾는 경우가 있다. 이런 곳들을 보면 원래 비용보다 더 큰 비용을 내고 사업마저 지연된다. 심한 경우 조합 내 갈등으로까지 번지기도 한다.

2021년 5월 서울 서초구 방배5구역에서는 오염토가 발견되었다. 사실 오염토 발생은 흔히 발생할 수 있는 문제다. 하지만 당시 조합 집행부는 이 사실을 7개월 가까운 시간 동안 조합원들에게 알리지 않았다. 오염토 정화에 1,000억 원에 가까운 비용과 10개월 정도의 시간이 걸린다는 분석이 나오자 수치가 낮은 결과가 나올 수도 있다면서 추가 조사를 두 차례 더 진행했다. 결국 조사결과가 바뀌지 않으면서 뒤늦게 오염토 발견 사실이 알려졌고, 조합 집행부는 사업지연 책임을 물어 모두 해임되었다.

방배5구역에서 오염토가 처음 발견되었을 때, 당시 시공사인 현대건설 등 협력업체는 조합 측에 곧장 정화작업을 시작할 것을 권유했다. 이를 따랐다면 7개월의 시간과 이 기간에 발생한 금융비용(사업비 대출 이자)을 아낄 수 있었을 것이다. 또한 조합 집행부가 해임될 일도

서울 서초구 방배5구역은 건물 철거 후 토양 조사 과정에서 오염토가 발견되었다. 공사 중단이나 추가 비용을 발생시키는 돌발 리스크 관리도 조합의 큰 고민거리 중 하나다. 오염토 검출은 대표적인 돌발 리스크. 오염토는 정화작업을 거치면 새로운 건물이나 주거에 아무 문제가 없지만, 그 과정에서 비용지출이 불가피하다.

없었을 것이다.

물론 전임 조합 집행부도 사업을 지연시키려는 악의惡意는 없었을 것이다. 오히려 오염토 재조사를 해서 수치가 낮게 나오거나, 오염지역을 특정해 정화대상면적을 줄이면 비용을 아낄 수 있다고 판단했다. 하지만 이 오판誤判 때문에 부정이나 비리가 있던 것도 아닌 조합장과 조합 임원들은 자신의 직책까지 내려놔야 했다.

조합 집행부가 시공사 등 협력업체의 조언을 듣고 빠르게 정밀조사와 정화를 진행했더라면 어땠을까. 정화에 드는 추가 비용 지불이 마음에 안 드는 일부 조합원이 있었겠지만 사업지연 때문에 발생한 추가 비용보다는 납득할 만한 사안이라고 받아들였을 것이다.

재조사를 진행하더라도 그 전에 오염토 검출 사실을 공개하고 전체 조합원에게 재조사와 정밀조사·정화진행 중 방법을 선택하도록 했더라면 해임총회까지 열리지는 않았을지 모른다.

🏢 투명한 정보공개, 속전속결이 최선

주변 지역 주민들의 민원도 돌발 리스크 중 하나다. 도시가 고밀화되면서 재개발·재건축 사업지와 바로 붙어 있거나 가까운 곳에 주거지가 있는 경우가 많다. 이 경우 공사소음이나 일조권 문제로 민원이나 소송을 제기하는 일이 자주 발생한다. 공사 진동으로 건물에 피해가 발생했다고 주장하는 일도 있다.

이런 민원에 대응할 때 가장 필요한 것은 '유비무환有備無患'의 자세다. 소음과 주변 건물 훼손은 공사 관련 주요 민원이다. 소음의 경우 손해배상 소송이 걸리면 적게는 수백만 원에서 많게는 수억 원까지 보상을 해줘야 한다. 기술적으로는 방음벽을 설치해서 소음을 줄일 수 있다. 주변 건물이 공사 진동으로 파손될 때를 대비해서 인근 건물 사진을 여러 장 찍어놓는 것이 좋다.

민원도 결국 감정과 이해의 문제다. 단순히 기술적인 차원에서 접근하기보다는 '인정人情'의 측면에서 볼 필요가 있다. 공사 시작 전에 조합 집행부와 시공사가 직접 인근 주민들의 이해와 협조를 구하고, 자주 접촉하면서 '민원관리'를 하면 소송으로 번지는 사태를 줄일 수 있다.

아파트 등 건물을 지을 때는 토목공사가 동반된다. 특히 건물을 철거하고 다시 짓는 경우 토목 보강을 반드시 해야 한다. 토목공사를 위해 터 파기 전에는 지반 조사를 진행해야 하는데, 업체에 맡겨두지만 말고 조합차원에서도 진행사항을 직접 챙기는 것이 좋다.

지반 조사를 제대로 하지 않거나 어설프게 할 경우 지반 침하 등 문제가 발생할 수 있다. 지반이 침하되면 건물이 기울어질 수도 있다. 또한 공사중 암석이 발견되어서 예상치 못한 비용이 발생하기도 한다. 암석을 제거하기 위해 폭약을 써야 할 때도 있는데, 이때도 소음이나 주변 건물 훼손 문제가 일어날 가능성이 있다.

실제로 경기 광주시 오포읍 신현리의 한 다세대빌라 공사장에서는 지반이 침하되면서 건물이 기울었고, 주민들이 대피하는 소동이 벌어졌다. 주민들은 입주를 못 한 채 호텔이나 전셋집을 전전해야 했다. 시공사의 100% 과실로 결론이 났지만 건설사로부터 보강 공사 외에는 아무런 보상도 약속받지 못했다. 애초에 지반 조사를 철저히 했다면 일어나지 않았을 일이다.

철근과 콘크리트 타설은 입주 후에 안전이나 하자 관련 문제가 발생하는 것과 관련이 깊다. 건물에 금이 가는 '크랙' 등은 어설픈 철근 식재와 콘크리트 타설 때문에 발생한다.

하자나 안전은 문제를 발견한 뒤에 수습하려면 어려움이 많고, 비용도 많이 든다. 그러므로 시공 단계에서 문제가 발생할 여지를 줄이는 것이 좋다. 철근은 도면에 굵기와 원산지가 표시되어 있기에 인터넷에서 검색 단가를 쉽게 알아볼 수 있다. 콘크리트는 레미콘 차량에 실리는 양이 정해져 있어 필요한 콘크리트 양과 투입된 레미콘 차량 대수를 비교하면 정확한 계량이 가능하다. 레미콘에 물을 섞는 행위만 막아도 비용 증가와 부실시공을 차단할 수 있다.

관리처분인가 과정에서는 종전자산평가와 조합원 분양신청이 진행된다. 권리가액 확인에 따라 분양가도 정해진다. 통상 재개발이나 재건축을 진행할 때는 한 가구당 하나의 입주권이 지급되지만 '1+1(원 플러스 원) 입주권'이 지급되는 경우도 있다. 집이 두 채가 되면서 시세차익도 더 많이 누릴 수 있다. 하지만 다주택자로 분류됨에 따라 보유세 등 세금 부담이 늘어나는 것은 감내해야 한다.

5장

'주는 돈, 받는 돈'은
결국 조삼모사

관리처분 때 손해 안 보는 법

관리처분,
제대로 알고 대응하자

관리처분단계에서 명심해야 할 것은 결국 큰 틀에서는 이미 사업성이 정해져 있다는 사실이다. 공평하게 부담하고 정당한 권리를 얻을 수 있도록 해야 한다. 소수의 이익을 추구하다 보면 결국 문제가 생긴다.

사업시행인가를 받고 난 뒤 조합은 관리처분인가를 준비해야 한다. 관리처분은 구역 내에 있던 토지와 건물에 관한 권리를 재개발·재건축 사업으로 조성하는 토지(대지)와 아파트 등에 대한 권리로 바꿔서 배분하는 계획이다. 현금청산자의 구체적인 보상 규모와 조합원의 분담금 규모, 분양가 등이 관리처분을 통해 확정된다.

관리처분계획에는 분양설계, 분양대상자의 주소와 성명, 대상자별 분양예정 대지 또는 건축물의 추산금액, 일반분양과 임대주택 그리고 보류지 명세와 추산금액, 그 처분 방법, 종전자산 내역과 가격(사업시행인가일 기준), 정비사업비 추산금액 및 분담금 규모, 납부 시기, 종전자산의 소유권 외 권리명세, 세입자 손실보상을 위한 권리명세 및 평가액이 담긴다.

관리처분을 준비하는 과정에서 종전자산평가와 조합원 분양신청이 이루어진다. 종전자산평가란 감정평가를 통해 조합원이 재개발·재건축 이전에 보유하고 있던 토지와 건물의 가치를 매기는 것이다. 이렇게 매겨진 자산의 가치는 조합원 개개인이 사업에 낸 '출자금'과 같은 위상을 가진다. 그리고 조합원은 조합원 분양가에서 자신의 출자금을 뺀 금액을 지불하고 아파트를 받게 된다.

관리처분 시점이 되면 각 조합원은 자신의 자산이 가진 가치(권리가액)를 명확하게 알게 된다. 조합에서 종전자산평가액과 권리가액, 내야 할 분담금을 알려주기 때문이다. 권리가액 순위가 드러나면서 받을 수 있는 아파트의 크기와 종류를 알게 되고, 내야 할 분양가도 정해진다. 그동안 조합의 명의로 쓰였던 각종 사업비와 운영비에 대한 청구서 격인 개인분담금도 윤곽이 드러난다.

종전자산평가액과 분양신청 기간, 분담금 내역은 사업시행인가 완료 후 120일 이내에 이루어진다. 관련 내용은 일간신문을 통해서도 공고된다. 조합원은 관련 내용을 통지받고 30~60일 사이에 분양신청을 해야 한다. 분양신청 기간은 20일 범위 내에서 한 차례 연장할 수 있다.

조합원 분양신청을 하지 않거나 분양신청을 철회한 사람은 손실보상 협의를 거쳐서 현금청산된다. 현금청산 협의가 원활하

수용재결: 협의불능 또는 협의가 성립되지 않은 때에 관할 토지수용위원회에 의해 보상금의 지급 또는 공탁을 조건으로 하는 수용의 효과를 완성해주는 형성적 행정행위로, 사업시행자가 신청하는 수용의 종국적 절차를 말한다.

지 않았을 경우 협의기간 만료 다음 날부터 60일 이내에 수용재결*을 신청하면 된다. 특별한 경우가 아니면 조합원 분양신청을 하는 것이 현금청산보다 유리하기 때문에 신청기간을 놓치지 않는 것이 좋다.

🏢 소수의 이익을 추구하다 보면 결국 문제가 생긴다

관리처분단계에서 명심할 것은 결국 큰 틀에서 이미 사업성이 정해져 있다는 사실이다. 종전자산평가를 더 높게 받으면, 조합원 분양가와 분담금도 높아질 수밖에 없다. 부담을 지는 시점의 선후 차이와 명목만 달라질 뿐이다. 결국 조삼모사인 셈이다.

나만 터무니없이 낮은 평가를 받는다거나, 소수만 유리하게 평가되는 것은 경계해야 한다. 사전에 정해놓은 평가비율에 따라 토지, 단독주택, 공동주택 등의 가치가 달라질 수 있다. 이외에 특정 건물이나 토지만 낮거나 높게 평가되었을 경우 재검토와 검증을 요청해서 바로잡아야 한다.

비례율도 임의로 조정하면 소규모 지분 소유자와 대지주의 이해관계가 달라질 수 있다. 이 경우에 조합 내 갈등이 유발되기도 한다.

분명한 점은 공평하게 부담하고 정당한 권리를 얻을 수 있도록 해야 한다는 것이다. 소수의 이익을 추구하다 보면 결국 문제가 생긴다는 사실을 잊지 말아야 한다.

관리처분단계에 있는 재개발·재건축 단지의 투자를 고민하고 있다면, 전문 감정평가사나 법률가의 도움을 받는 것도 좋은 방법이다. 토지 등 기존 자산의 가치평가가 제대로 되었는지, 권리행사에 문제가 없는지 확인하면 된다.

분담금 고지서도 꼼꼼히 검토해야 한다. 토지의 지목 등이 제대로 표기되었는지, 인근의 다른 땅과 동일한 기준으로 계산이 되었는지 잘 살펴야 한다. 한 번에 수백 명에서 수천 명의 권리분석과 분담금을 계산하다 보면 자칫 실수가 발생할 수 있다. 조합과 전문 협력업체가 면밀히 살피겠지만, 자기 재산은 직접 챙겨야 나중에 후회할 일이 없다.

매입 전부터
분양 자격 확인은 필수다

조합원 분양 자격은 정비기본계획 수립일이 '2010년 7월 16일 이전이냐,
이후냐'에 따라 달라진다. 종전 조례가 적용되는 경우 토지 분할과 공유,
전환다세대 등에도 분양 자격이 주어진다.

간혹 조합원 분양신청 시점이 되어서야 자격이 없다는 것을 알게
되는 경우가 있다. 분양 자격이 있는 줄 알고 토지나 건물을 매입했다
가 분쟁에 휘말리는 것이다.

이런 분쟁이 생기면 매수-매도인 사이뿐만 아니라 공인중개사까
지도 얽히게 된다. 조합을 상대로 소송을 제기하기도 해서 사업지연
을 유발하기도 한다.

조합원 분양 자격은 정비기본계획 수립일이 '2010년 7월 16일 이전
이냐, 이후냐'에 따라 달라진다. 종전 조례가 적용되는 경우 토지 분할
과 공유, 전환다세대 등에도 분양 자격이 주어진다.

반면 개정 조례는 하나의 분양 자격만 인정된다. 각 조합원당 1가구

공급이 원칙이다. 만약 공유지분 소유자들이라도 1가구만 공급된다. 다만 개인 소유의 지분이 큰 경우 대형평수 대신 '1+1(원 플러스 원)'을 선택할 수도 있다.

🏢 종전 조례 적용 사업지의 분양 자격

종전 조례는 2003년 12월 30일부터 시행된 법이다. 2010년 7월 16일 이전까지 정비구역기본계획이 세워진 곳에 적용된다. 종전 조례에 따라 조합원 분양을 받을 수 있는 자격은 아래와 같다.

먼저, 건물만 소유한 경우부터 살펴보자. 건축물 중 주택소유자는 분양 자격이 있다. 타인 소유의 땅이나 국공유지에 주택만 소유한 경우에도 분양을 받을 수 있다. 하지만 2003년 12월 30일 이후 토지와 건축물의 소유권이 분리된 경우에는 토지와 건물을 모두 합산해 하나의 주택(아파트)만 분양받을 수 있다.

국공유지에 지어진 무허가 주택의 경우에는 건물 건립 시기가 1982년 이전이면 분양 자격을 부여한다. 건물 건립 시기는 1982년 1차 촬영한 항공사진에 나타나 있거나 재산세 납부대장 등 공부를 통해 확인한다.

재개발·재건축으로 지어지는 아파트의 가구 수보다 조합원이 많아도 분양 자격을 갖지 못할 수 있다. 조합원 분양은 감정평가액 순으로 이루어지기 때문에 감정평가액이 너무 적으면 소형 주택을 받거나 현금청산될 수 있다.

건물과 토지를 모두 소유하고 있으면 면적에 상관없이 입주권을 받을 수 있다. 다만 건물이 주거용이 아닌 경우 토지만 소유하고 있는 것과 같이 취급된다.

토지만 소유한 경우에는 면적에 따라 분양 자격이 다르다. 면적이 90m² 이상일 경우 분양 자격이 보장된다. 30m² 초과 90m² 미만일 경우 단일필지이면서 사업시행인가 고시일부터 공사완료 고시일까지 세대원 모두가 무주택자면 분양 자격을 준다. 30m² 이하의 토지소유주는 현금청산된다. 단, 30m² 미만의 토지를 가지고 있더라도 권리가액이 최소 분양금액보다 크면 분양을 받을 수 있다.

다세대주택인 경우 일반다세대와 전환다세대의 권리가 다르다. 일반다세대는 처음부터 공동주택으로 건축허가를 받아서 지어졌기 때문에 가구마다 분양권이 주어진다. 흔히 '구분다세대'로 불리는 전환다세대는 2003년 12월 30일 이전에 전환된 경우에만 분양권을 받을 수 있다. 이 경우 전용면적이 60m²를 넘을 수 없다. 기존 전환다세대주택의 전용면적이 60m²를 넘으면 중대형 평형도 받을 수 있다. 조합사정에 따라 임대주택을 공급하기도 한다. 전환 시기는 건축물대장과 등기부등본을 통해 확인할 수 있다.

다가구주택은 단독주택으로 구분되기 때문에 1개의 분양권만 인정된다. 다만 다가구주택이더라도 1997년 1월 15일 이전에 가구별로 지분등기를 하거나 구분등기를 했다면 가구별로 분양을 받을 수 있다. 다가구주택 제도를 도입하기 전인 1990년 4월 21일 이전에 단독주택으로 건축허가를 받고 구분등기를 한 경우에도 가구별로 분양권이 주어진다.

토지를 쪼개거나 토지와 주택을 분리해 소유한 경우에는 분리 시점이 중요하다. 2003년 12월 30일(조례시행일) 이전에 토지를 분할한 경우 각각 분양 자격을 준다. 하지만 그 이후라면 1개의 분양권만 나온다. 토지를 매매할 때 분할이나 공유 시점을 반드시 확인해야 하는 이유다.

건물과 대지를 분리해서 보유한 경우에도 2003년 12월 30일이 기준이 된다. 이때 토지는 90m² 이상이어야만 입주권을 받을 수 있다.

간혹 상속을 통해 형제가 토지를 분할해서 소유한 경우가 있는데, 이 경우도 상속 시기가 2003년 12월 30일 이전이면 각각 분양권이 주어지고, 이후라면 1개만 분양된다.

가족 구성원은 소유주에 상관없이 1가구의 분양 자격만 갖는다. 세대 분리가 되어 있어도 소용없다. 각각 따로 토지나 건물을 가지고 있더라도 권리가액을 합산해서 계산한다. 다만 20세 이상 자녀의 경우에는 세대 분리 시점이 관리처분 기준일 이전이라면 따로 분양 자격을 얻을 수 있다.

🏢 개정 조례 적용 사업지의 분양 자격

2010년 7월 16일 이후 정비기본계획이 수립된 구역은 개정 조례가 적용된다. 개정 조례가 적용되는 곳에서는 '권리산정일' 이후 토지의 분할이나 공유, 전환다세대 지분등기 등이 이루어진 경우 하나의 분양권만 인정한다. 일명 '지분 쪼개기' 금지다.

개정 조례가 적용되는 지역에서 토지만 소유한 경우에는 토지면적이 90m² 이상이어야만 분양권을 준다. 만약 토지면적이 모자라면 추가로 토지를 매입해야 한다. 이때 매입하는 토지가 분할된 시점이 권리산정기준일 이전이어야 한다.

간혹 구역이 해제되었다가 다시 지정되는 곳들이 있다. 이 경우 권리기준산정일도 바뀌게 된다. 구역 해제와 재지정 사이에는 '지분 쪼개기'가 가능하다. 이 맹점을 이용해서 지분 쪼개기가 많이 된 사업장 중 대표적인 곳이 '아현1구역'이다.

개정 조례에서는 국공유지나 타인 소유의 땅에 지어진 무허가 건물의 분양 자격이 더 완화되었다. 1989년 1월 24일 이전에 생긴 무허가 주택에도 분양 자격을 줄 수 있도록 개방했다. 이런 무허가 주택을 기존 1982년 이전 무허가와 구분해서 '특정무허가'라고 한다. '특정무허가' 주택은 조합 정관 규정에 따라서 분양 자격을 줄 수도 있고, 안 줄 수도 있다. 즉 조합의 재량이란 소리다. 이 때문에 특정무허가를 갖고 있거나 투자하려는 경우 조합 정관을 반드시 확인해야 한다.

🏢 무허가 건물로 입주권을 받기 위한 조건

무허가 건물은 적은 초기 투자비용으로 내 집을 마련할 수 있는 좋은 수단으로 꼽힌다. 부동산 시장에서는 흔히 '뚜껑'이라는 은어로 불린다.

무허가 건물로 입주권을 받으려면 몇 가지 조건을 달성해야만 한다. 바로 앞에서 간략하게 설명했지만, 무허가 투자를 생각하는 예비투자자를 위해서 좀 더 자세하게 설명하고자 한다.

무허가 건물 소유자는 이 건물이 분양 자격을 갖는 시기에 존재했다는 점을 문서나 자료 등으로 입증해야 한다. 구청에서 관리하는 무허가건축물 확인원이 있으면 가장 손쉽게 입증할 수 있다. 만약 확인원이 없다면 항공사진으로 입증할 수도 있다. 단, 무허가 건물이 특정 시점 이후 증개축이나 신축되었다면 입주권이 인정되지 않는다.

매매계약서 등으로 처분권을 이전받았다는 점을 확인할 수도 있다. 단, 매매계약서만으로는 권리자가 누구인지 정확히 확인하는 것이 불가능하고, 심지어 여러 명이 단독 소유권을 주장하는 경우도 있기 때문에 다른 자료도 필요하다. 재산세 납부 내역, 상하수도요금 납부 내역, 매수 당시 점유자, 주변 이웃 탐문 등을 통해 무허가 건축물의 정확한 권리자를 확인한 후에 매수해야 한다.

1982년 이후 1989년 1월 24일 이전에 생긴 무허가 건물은 '특정무허가'라고 한다. 이 경우 해당 건물이 속한 재개발 지역의 조합 정관에 특정무허가건축물에 조합원 자격과 분양 자격을 부여한다는 규정이 있어야 한다. 특정무허가는 개정 조례 적용지역에서만 인정된다.

특정무허가건축물의 경우 주거용으로 사용해야 입주권을 받을 수 있다. 점포로 사용하면 입주권을 받지 못한다. 최소한 수도·보일러·세탁기·온열기·취사시설 등을 구비해 주거용 건물 요건을 갖추어야 한다.

다만 2008년 7월 30일 당시 사실상 주거용으로 사용된 건축물의 경우, 정비계획 공람공고가 이루어진 구역의 분양신청자 또는 그 외 지역에서 정비구역 지정고시일 전부터 분양신청기간 만료일까지 세대원 전원 무주택인 분양신청자는 주거용 건축물이 아니어도 입주권을 받을 수 있다.

무허가 건물 토지소유자가 사유지 위에 있는 무허가 건축물을 매도하는 경우 그 매도일자가 권리산정기준일 이후라면 반드시 '토지 소유권'도 함께 매수해야 한다. 이때 기존 토지소유자가 조합설립 시점에 여러 물건을 소유한 다물권자라면 단독입주권을 받지 못한다.

종전자산평가·비례율이 높다고 꼭 좋은 것은 아니다

정해진 사업성 내에서 최대한 공평하고 골고루 이익이 돌아가도록 구조를 만드는 것이 중요하다. 조합 구성원의 자산 가치 규모를 미리 파악해서 설계단계에서부터 최대한 공평하게 이익배분이 가능하도록 해야 한다.

재개발·재건축 사업에 투자할 때는 비례율과 종전자산평가액, 권리가액을 알아야 수익성을 계산할 수 있다. 비례율은 재개발·재건축의 사업성을 알 수 있는 지표다. '[총 분양가(종후자산평가액)−총 사업비용÷종전자산의 총 평가액]'의 공식으로 비례율을 산출한다. 권리가액은 종전자산평가를 통해 매겨진 각 토지와 건물의 가격에 비례율을 곱한 것으로, 조합원 분양 때 인정되는 자산의 가치다.

이때 종전자산평가는 감정평가업체를 통해서 이루어진다. 종전자산평가란 감정평가를 통해 조합원이 재개발·재건축 이전에 보유하고 있던 토지와 건물의 가치를 매기는 것이다. 종전자산의 감정평가액은 주택재개발사업의 토지원가로 포함되며, 종후자산의 감정평가액과 비교해 사업종료 후 청산금을 산정하는 기준이 된다.

종전자산은 건물과 토지의 종류, 위치에 따라 평가한다. 재개발 지역은 토지와 단독·다세대·다가구주택에 대한 평가가 주를 이룬다. 재건축은 공동주택인 경우가 대부분이기 때문에 공동주택 평가 방식으로 평가한다.

토지와 건물의 종류에 따른 평가 방법은 다음과 같다. 토지는 인근 지역 내 표준지공시지가°를 기준으로 평가시점(사업시행 고시일)까지의 지가변동률과 평가대상 토지의 위치, 형상, 환경, 이용 상황, 기타 가격을

> **표준지공시지가**: 정부가 전국의 과세 대상이 되는 개별 토지 중 대표성이 있는 토지를 선정하고 조사해 공개적으로 알리는 땅값을 말한다. 매년 1월 1일을 기준으로 표준지의 단위 면적당 가격으로 표시한다.

형성하는 제반 요인을 고려해 평가한다. 건물은 종류와 구조, 이용 상태, 면적, 내구연한, 유용성, 기타 요인을 종합적으로 고려해 가격을 매긴다. 가격은 원가방식에 의한 복성가격으로 평가하되, 감가수정시 관찰감가법을 병용할 수 있다. 공동주택은 거래 수준 등을 종합적으로 판단해서 토지와 건물을 한꺼번에 평가한다.

원가방식이란 감정평가의 3가지 방식(비교방식·원가방식·수익방식) 중 하나다. 가격평가시점에서 대상물건을 다시 짓는다고 가정하고 이때 소요되는 모든 부대비용(재조달원가)을 산출하고, 사용 가능한 연수와 잔존가치를 감안해 원가를 산출한다. 이 원가에 감가상각을 해서 복성가격(현재가격)을 평가한다.

조합원은 조합원 분양가에서 권리가액을 뺀 금액을 지불하고 아파

트를 분양받는다. 만약 조합원 분양가보다 권리가액이 크면 그 차액만큼 돈을 돌려받는다.

흔히 종전자산평가액과 비례율은 높을수록 좋다고 한다. 대체로 맞는 말이다. 흔히 비례율이 100%를 넘으면 사업성이 좋다고 평가하고, 그 이하면 사업성이 부족하다고 본다. 각 조합원 입장에서는 종전자산평가액과 권리가액이 크면 그만큼 추후에 내야 할 분담금이 줄어든다는 장점이 있다.

하지만 총수익금(종후자산평가액)과 사업비용이 동일한 상태에서는 종전자산평가액과 비례율은 반비례한다는 것이 문제다. 결국 종전자산평가액이나 비례율을 임의로 조정해도 사업성은 변하지 않는다.

🏚 최대한 공평하게 골고루 이익이 돌아가도록

종전자산평가액이 크면 그만큼 수익을 나눠야 할 조합원의 몫이 커진다. 하지만 이는 전체 사업의 측면에서 사업성을 낮추는 결과로 이어진다. 즉 비례율과 사업성이 낮아진다는 소리다. 사업성이 낮아지면 추가 분담금이 발생할 수밖에 없다. 결국 종전자산평가로 얻은 이익을 분담금으로 다시 내야 하는 구조가 된다.

결국 비례율을 유지하면서 종전자산평가액을 올리려면 분양가를 올리거나 사업비용을 낮추어야 하는데, 둘 다 쉽지 않다. 분양가는 정부에서 주택도시보증공사(HUG)의 분양가 보증이나 분양가상한제, 분양 승인제도 등을 통해서 통제하고 있다. 이 때문에 조합에서 임의로 분양가를 높이기는 힘들다. 사업비용도, 비중을 크게 차지하는 인건비, 자재비, 시공단가 등의 공사비가 거의 고정되어 있어서 낮추기 어렵다. 품질을 낮추면 사업비를 낮출 수 있겠지만, 고급화 시대에 그걸 원하는 조합은 없다.

간혹 비례율을 올려서 사업성을 높이겠다는 조합도 있다. 하지만 앞서 언급했듯이 분양가와 사업비를 바꾸는 것은 쉽지 않다. 그래서 비례율을 높이는 대부분의 조합은 종전자산평가액을 낮춘다. 조정이 힘든 일반분양가를 놔두는 대신 조합원 분양가를 올리기도 한다. 이때 조합에서는 조합원들에게 "종전자산평가액은 조합원 간 상대적인 배분비율을 조정하는 것이기 때문에 낮춰도 상관이 없다"고 설명한다.

하지만 종전자산평가액을 낮추거나 조합원 분양가를 올려서 비례율을 올리는 방식은 일부 조합원에게는 분명히 손해다. 종전자산평가액을 낮춰도 권리가액은 변하지 않는다. 문제는 종전자산평가액이 권리가액보다 낮아지는 경우다. 종전자산평가액은 현금청산 금액과 같은데 권리가액이 이보다 낮으면 사업에 참여할 이유가 없어진다.

이 경우 사업 후 자산 가치를 위해 사업에 계속 참여한다고 하더라도 분담금 부담이 커진다. 비례율을 조정해도 권리가액이 큰 대지주의 분담금을 소규모 지분 소유자들이 떠안는 구조가 된다. 그래서 종전자산평가액을 낮추는 방식으로 비례율을 올리면 소수 지분자가 큰 손해를 보게 된다.

실제로 서울 서초구 방배5구역은 2021년 비례율을 133%에서 244%로 상향하면서 갈등을 빚었다. 조합은 비례율을 올리면서 평균 조합원 분양가를 3.3m²당 2,250만 원에서 3,870만 원으로 높였다. 이로 인해 대지분 조합원들에게는 추가 환급금이 생기게 된 반면, 소규모 지분 조합원들은 추가로 내야 할 분담금이 수억 원대로 증가했다.

그렇다고 대지주의 희생만 강요하는 것도 좋은 방법은 아니다. 대지주라도 결국 정해진 분양권 외에 금액은 모두 현금청산된다. 현금청산되는 금액에는 재개발·재건축으로 얻어지는 이익이 포함되지 않는다. 대지주 입장에서는 재개발·재건축에 참여하는 것부터가 일정 부분 재산을 희생하는 셈이다.

중요한 것은 정해진 사업성 내에서 최대한 공평하게 골고루 이익이 돌아가도록 구조를 만드는 것이다. 조합 구성원의 자산 가치 규모를 미리 파악해서 설계단계에서부터 최대한 공평하게 이익배분이 가능하도록 아파트와 상가를 조성할 필요가 있다.

수익성·세금 양쪽 모두 살펴
입주권을 결정하자

1+1 입주권이라고 이점만 지니는 것은 아니다. 제약도 있다. 즉 두 채 중 한 채는 반드시 전용면적이 60m² 이하여야 하고, 전용면적 60m² 이하의 주택은 이전고시 이후 3년 동안은 전매(양도 또는 증여)도 금지된다.

통상 재개발이나 재건축을 진행할 때는 한 가구당 하나의 입주권이 지급된다. 하지만 예외적으로 2개의 입주권을 지급하는 경우도 있는데, 이를 '1+1(원 플러스 원) 입주권'이라 부른다. 한 채에 거주하고 나머지 한 채는 팔거나 임대를 줄 수 있는 구조다.

1+1 입주권을 받기 위해서는 조합에서 제도를 허용하는 것이 전제되어야 하며, 주거전용면적의 요건 또한 충족해야 한다. 종전자산의 감정평가액이 두 채의 조합원 분양가 합계액보다 크거나 같은 경우, 혹은 종전주택의 전용면적이 두 채의 조합원 분양주택 전용면적 합계보다 크거나 같은 때에는 1+1 입주권 신청이 가능하다.

1+1 입주권의 장점은 일반분양에 비해 프리미엄이 더 보장되는 조

합원 입주권 물건 2개를 가질 수 있다는 것이다. 2개 주택 모두 조합원들에게 부여하는 무료 옵션 계약 등의 혜택을 받을 수 있다. 집이 두 채가 되면서 시세차익도 더 많이 누릴 수 있다.

하지만 1+1 입주권이라고 이점만 지니는 것은 아니다. 제약도 있다. 두 채 중 한 채는 반드시 전용면적이 60m² 이하여야 하고, 전용면적 60m² 이하의 주택은 이전고시 이후 3년 동안은 전매(양도 또는 증여)도 금지된다. 이를 위반한 경우 3년 이하의 징역이나 3,000만 원 이하의 벌금형에 처해질 수 있다.

1+1 입주권은 두 채를 소유하게 되는 만큼 늘어나는 세금도 감내해야 한다. 1+1 입주권 보유에 따라 다주택자로 분류되면 보유세(재산세+종합부동산세) 부담이 상당하다. 최소 3년간 상당한 보유세를 납부한 뒤 매각 시점에 양도소득세를 내야 한다. 현행 소득세법에서는 일정 요건을 충족하는 2주택 이상을 보유하고 있는 다주택자가 조정대상지역 내의 주택을 양도하는 경우 장기보유특별공제를 배제하고 있다. 여기에, 기본세율에 20%(3주택자 30%)를 가산한 중과세율을 적용해 양도소득세를 매긴다. 두 채가 생긴 후에 먼저 양도하는 주택은 1가구 1주택 비과세를 받을 수 없다. 한 채를 먼저 양도한 후 나머지 한 채는 2년 추가 보유(조정대상지역°인 경우 2년 추가 거주)한 후 팔면 그 주택은 비과세 적용이 가능하다. 일시적 2주택에 따른 비과세 적용도 불가능해진다.

조정대상지역: 부동산 시장 과열을 막기 위해 정부가 주택법에 근거해 지정하는 지역을 말한다. 주택 가격 상승률이 물가상승률의 2배를 뛰어넘거나, 주택 청약 경쟁률이 5대 1 이상인 지역 등이 이에 해당한다.

🏢 1+1 입주권의 장단점

전매제한*도 문제다. 1+1 분양으로 받은 집은 3년간 팔 수 없다. 1+1을 선택했다가 집을 팔지도 못하고 고스란히 종합부동산세 등 세금 폭탄을 맞을 수 있는 것이다. 문

재인 정부에서 임대사업자 제도를 폐지해서 관련 혜택을 기대할 수도 없는 상황이다.

조정대상지역에서는 2주택 이상이면 1.2~6.0%의 중과세율을 적용받는다. 1주택자의 종부세율이 0.6~3.0%인 것과 비교하면 2배 이상의 세금 부담이 있는 셈이다. 1+1 분양을 택한 조합원은 소형 주택에서 받는 1년치 월세를 모두 더해도 재산세와 종부세를 감당하기 어려워진 상황이다.

실제로 태영호 국민의힘 의원실에 따르면, 2022년 5월 입주한 역삼동 강남센트럴아이파크(구 개나리아파트) 1+1 분양자는 연 9,000만 원 수준의 세금을 내야 하는 것으로 추산되었다. 임대사업자 등록을 할 수 없는 데다 3년간 매매도 제한되어 강제로 다주택자가 될 수밖에 없기 때문이다.

이러한 사실이 알려지자 반포주공1단지 재건축 조합과 신반포21차, 방배6구역 등에서는 1+1 조합원이 분양신청을 취소·철회하는 사례도 생겨났다. 일부 조합은 분양 취소 여부를 두고 소송까지 검토하고

있는 것으로 알려졌다. 2021년 6월 입주한 서울 서초구 디에이치 라클라스 조합원 34명은 2022년 상반기에 헌법소원까지 제기한 상태다.

다만 법이 개정될 수도 있다는 희망은 있다. 2022년 6월 9일 태영호 국민의힘 의원은 이러한 문제를 일부 해소할 수 있도록 1+1 분양 조합원의 전매제한 규정을 삭제하는 내용의 「도시 및 주거환경정비법」 일부개정법률안을 국회에 제출했다. 임대사업자 제도도 윤석열 정부 출범 이후 부활 여부를 고심중이다. 만약 1+1을 선택할 수 있는 조합원이거나 해당 매물을 사려는 투자자라면 관련 제도의 변화를 민감하게 살펴서 자신에게 유리한 선택을 할 필요가 있다.

기부채납과 현금납부로
부지효율을 높일 수 있다

현금납부 방법은 불필요한 시설 공사를 줄이고 지자체와 조합이 모두 이득을 볼 수 있다. 재개발·재건축 사업자 입장에서는 사업 부지를 더 효율적으로 이용할 수 있다.

재개발이나 재건축은 조합이 공공에 이익이 되는 시설을 지어서 지자체에 납부하는 '기부채납'이 뒤따른다. 기부채납을 하면 건폐율이나 용적률을 추가로 얻을 수 있다. 그래서 대부분의 사업장이 기부채납을 한다. 공공의 입장에서는 개발 사업으로 조합이 얻는 이익을 일부 환원하는 의미가 있다.

기부채납은 대개 조합이 도로나 공원, 학교, 주민운동시설 등 '공공시설'을 지어서 공공에 기부하는 형식으로, 입주민들의 이용이 용이하다. 하지만 최근에는 현금으로 기부채납을 하는 사업장도 많아지고 있다. 원자재 가격 등 공사비가 많이 올라서 부담이 늘어난 데다, 단지 내 폐쇄형 커뮤니티를 선호하는 주민들이 많아졌기 때문이다.

기부채납으로 만들어진 공원으로, 크기가 작아서 이용객이 거의 없는 모습이다. 기부채납은 도시정비사업 등을 추진할 때 정비사업 사업시행자가 부지의 일정 부분을 도로, 공원 등의 공공시설물 형태로 국가나 지방자치단체에 무상 제공하는 것을 말한다. 용적률 등 혜택이 있기 때문에 많은 조합이 기부채납을 진행하고 있다. 다만 기부채납도 활용성을 고민하지 않고 단순히 용적률 혜택을 위한 도구로만 접근할 경우 활용가치가 떨어지고 치안불안을 야기하기도 한다.

기부채납으로 용적률 완화 등의 혜택을 받는다

재개발·재건축에서는 '기부채납'도 반드시 인지해야 한다. 기부채납은 도시정비사업 등을 추진할 때 정비사업 사업시행자가 부지의 일정 부분을 도로, 공원 등의 공공시설물 형태로 국가나 지방자치단체에 무상 제공하는 것을 말한다.

기부채납의 시초는 1960년대로 거슬러 올라간다. 1960년대 급격한

산업화와 무분별한 도시 개발로 인해 정비기반시설이 부족해졌다. 이로 인해 재건축 등 정비사업 추진에 있어 부족한 정비기반시설을 미리 확충하는 것은 필수적인 것이 되었다.

기부채납 방식은 토지, 건축물, 현금 등 크게 3가지로 분류할 수 있다. 2000년 7월 본격적인 제도 도입 당시에는 토지로만 가능했으나, 2011년 3월 「국토의 계획 및 이용에 관한 법률」 시행령에 토지 외의 건축물이 추가되었다. 「도시 및 주거환경정비법」이 지난 2016년 1월 개정되면서부터는 현금 기부채납 또한 가능해진 상태다.

기부채납이 이루어지면 조합원 입장에서는 건폐율·용적률·높이 제한 완화 등의 혜택을 누릴 수 있다. 예산 부담을 경감할 수 있고, 재정투자 없이 시설을 확보할 수 있다는 점 등에서도 이점을 지닌다.

다만 재투자 미비로 시설의 노후화가 우려되기도 한다. 또한 지자체와 사업시행자 사이의 권리, 의무관계 규정을 위한 기간과 비용이 과다 소요된다는 단점도 있다. 규모가 큰 사업일수록 지방자치단체나 국가에 기부채납해야 할 액수가 커진다. 대규모 아파트 단지가 조성되는 경우 그 주변에 광장이나 공원, 주차장 등이 주로 조성된다.

최근에는 기부채납으로 지어진 광장이나 공원의 무용론도 제기되는 실정이다. 기부채납 시설이 아무래도 그 자체의 활용성보다는 용적률 완화나 높이 제한 완화 등에 목적이 있다 보니 규모나 편의성이 크게 떨어지는 경우가 많아서다. 실제로 아파트 옆에 지어진 소규모 공원이나 휴식시설의 경우 이용객이 거의 없어서 방치되다시피 한 곳이 많다.

🏢 현금납부로 사업성을 개선할 수 있다

현금납부 방법은 불필요한 시설 공사를 줄이고 지자체와 조합이 모두 이득을 볼 수 있다.

재개발·재건축 사업자 입장에서는 사업 부지를 더 효율적으로 이용할 수 있다. 주민들이 별로 이용하지 않는 소규모 공원을 만드는 것보다 아파트 공급량을 늘려서 일반분양 수익을 높이는 것이 이득이다. 공원이나 공공시설물이 들어설 자리까지 아파트를 배치할 수 있게 되면서 동간 거리도 더 연장할 수 있고 사선제한 규제에도 상대적으로 유리하다.

지자체 입장에서도 유지관리에 비용을 쓰고도 활용성이 떨어지는 시설을 우후죽순으로 짓는 것보다 예산을 모아서 더 유용하게 운용하는 편이 낫다.

현금 기부채납의 경우 정비사업에서 정한 기부용 기반시설 면적의 1/2까지 가능하다. 기부채납 비율은 재개발·재건축 사업에 따라 차이가 있지만 전체 사업 면적의 5~15%가 일반적이다.

기부채납을 현금 납부 방식으로 하려면 '전체 조합원의 과반수 동의'가 필요하다. 조합원의 동의를 받은 후 시장·군수·구청장에게 제출하고 정비계획에 반영하면 된다.

특히 1~3개동 규모의 소규모 단지의 경우 현금 기부채납 방식을 활용하면 장점이 많다. 소규모 단지는 아무래도 부지가 대단지에 비해

작다. 그만큼 건물이 들어서지 않은 땅이 좁아서 기부채납으로 공원 등을 만들고 나면 동간 거리가 좁아져서 답답한 느낌이 생긴다. 이때 현금 기부채납 방식을 채택하면 부지를 최대한 활용하고 용적률 상향 혜택까지 받아 사업성을 개선할 수 있다.

실제로 2018년 서울시 도시계획위원회에서 첫 현금 기부채납 단지로 심의를 통과한 서초구 신반포12차와 신반포21차 모두 재건축 이후 500가구 미만인 소규모 단지다. 신반포12차와 21차가 내기로 한 현금 규모는 각각 90억 원, 27억 원이다. 이를 통해 신반포12차는 용적률 300%를 적용받아 최고 35층, 총 479가구로 재건축되며, 신반포21차는 22층, 총 293가구로 재건축될 예정이다.

이주를 할 때도 투자전략이 필요하다. 자금 여력이 충분하다면 '대체주택제도'를 활용해서 추가 투자를 할 수도 있다. 대체주택제도는 특히 부동산 상승기에 유용한 투자수단이 될 수 있다. 일반적으로 조정대상지역의 일시적 2주택자는 기존 주택을 1년 안에 매도해야 비과세 대상이 된다. 하지만 대체주택의 경우 기존 주택이 입주권으로 바뀌고 그동안 거주할 다른 주택을 취득할 때는 특례조항이 적용된다.

6장

청약작전이 늘어지면
사상자가 속출한다

이주·철거 전략

이주와 철거에도
전략이 필요하다

이주·철거가 늦어지면 만만치 않은 부담이 발생한다. 100% 이주와 철거
가 되기 전에는 착공할 수 없다. 그러니 그만큼 사업이 지연된다. 사업비와
이주비 대출로 인해 발생하는 금융비용이 늘어나는 것도 큰 부담이다.

관리처분계획이 승인되면 이주와 철거가 진행된다. 이주는 기존에
있던 집을 비우는 것이고, 철거는 이주가 마무리된 뒤 기존의 건물을
허무는 절차다. 조합원 동·호수 추첨도 이 시기에 진행된다. 현금청
산 대상 부지 매입 보상과 이사비용 지원 등 다양한 협상이 필요한 시
기라고 할 수 있다.

이주·철거 시기에는 빠른 사업 진행을 위해 각종 비용을 지급한다.
조합에서 전세나 매매로 새집을 구할 수 있도록 이주비를 지급하고,
이사비와 주거이전비도 지급한다. 구역 내에서 영업을 하던 사람에게
는 영업보상비를 지급한다.

이주비는 조합원이 사업지를 떠나 다른 곳에 거처를 마련할 수 있

2021년 11월 촬영한 서울 서초구 반포주공1단지 1·2·4주구 상가로, 이주가 완료되어 공가처리를 알리는 안내문이 붙어 있다. 인허가 절차가 마무리되면, 기존 주민들은 건물을 비우는 '이주'에 돌입한다. 이주기간에는 임시 거처 마련을 위한 비용이 발생할 수 있다.

도록 빌려주는 자금이다. 일반적으로 감정평가액의 50~60%를 지급한다. 조합이 토지를 담보로 금융기관에 집단 대출을 해서 각 조합원에게 지급한다. 조합이 사업기간 동안 이자비용을 부담하고 무이자로 빌려주는 것이 일반적이다. 물론 이때 이자비용은 차후 청산 때 계산되기 때문에 조합원이 내는 것과 다를 바 없다.

이전에는 이주비를 시공사가 직접 대출을 하거나 연대보증을 해주는 경우도 있었는데, 2022년 12월부터는 전면 금지된다. 이를 어기는 시공사에게는 최대 1,000만 원의 과태료가 부과된다.

이사비는 이사 과정에서 필요한 운송비 등에 쓰도록 지급하는 돈이

주택연면적기준	이사비			비고
	노임	차량운임	포장비	
33m² 미만	3명분	1대분	(노임+차량운임)×0.15	• 노임은 「통계법」 제3조 제3호에 따른 통계 작성기관이 같은 법 제18조에 따른 승인을 받아 작성·공표한 공시부문 보통인부의 노임을 기준으로 한다. • 차량운임은 한국교통연구원이 발표하는 최대 적재량이 5톤 화물자동차의 1일 8시간 운임을 기준으로 한다. • 한 주택에서 여러 세대가 거주하는 경우 주택연면적기준은 세대별 점유면적에 따라 각 세대별로 계산·적용한다.
33m² 이상 49.5m² 미만	4명분	2대분	(노임+차량운임)×0.15	
49.5m² 이상 66m² 미만	5명분	2.5대분	(노임+차량운임)×0.15	
66m² 이상 99m² 미만	6명분	3대분	(노임+차량운임)×0.15	
99m² 이상	8명분	4대분	(노임+차량운임)×0.15	

재개발 사업은 이주기간이 되면 기존 주민들에게 이사비를 지급하도록 하고 있다. 지급 기준은 법률로 정해져 있다.

다. 사업시행인가 고시 전에 거주하다가 사업시행인가 이후에 이사를 하는 경우 지급한다.

재개발은 조합원과 세입자에게 모두 지급하는데, 세입자의 경우 건물 소유주인 조합원에게 지급하면, 해당 조합원이 세입자에게 지급하는 방식이다. 공과금이나 임대료를 내지 않은 세입자가 있을 수 있어서다. 금액은 토지보상법 시행규칙 제55조 제2항에 따라 주택연면적을 기준으로 정한다. 반면에 재건축은 세입자에게는 이사비를 지급하지 않고 조합원에게만 지급한다.

　주거이전비는 재개발 지역에 거주중인 세입자에게 지급하는 일종의 이전 보상금이다. 재건축은 주거이전비를 지급하지 않는다. 주거이전비는 「공익사업을 위한 토지 등의 취득 및 보상에 관한 법률」 시행규칙 제54조(주거이전비의 보상)에 따라 월평균 가계지출비를 기준으로 산정한다.

　주거이전비는 단순 세입자인 경우와 조합원이면서 세입자인 경우 그 금액이 다르다. 단순 세입자의 경우 구역지정 주민공람공고일 3개월 전부터 사업시행인가일(또는 이주 및 철거 시)까지 거주해야 한다. 가구원 수에 따라 4개월분의 주거이전비를 보상한다. 만약 조합이 2022년 6월 국토교통부가 도입한 추가 용적률 인센티브를 받기로 했다면, 구역 지정일 이후 일정 기간 안에 전입한 세입자도 주거이전비 보상 대상에 포함된다. 단순 세입자는 현재 살고 있는 집이 무허가 건축물이라도 1년 이상의 거주가 확인되면 보상을 받을 수 있다.

　사업지 내 본인 건축물을 소유하고 타인 건축물에 세입자로 거주하는 경우에는 가구원 수에 따라 2개월분의 주거이전비를 보상한다. 거주기간에 상관없이 실거주만 하면 된다. 단, 세 들어 있는 건물이 무허가 건물인 경우에는 보상에서 제외된다.

　영업보상비는 정비구역 지정 공람공고일 전까지 구역 내에서 영업을 하던 사람에게 지급된다.

2022년 5월 촬영한 경기도 광명시 광명뉴타운으로, 철거 작업이 마무리 단계에 이른 모습이다. 이주가 끝나면 기존 건물을 철거하고 새 건물을 짓기 위한 터 파기 작업이 시작되는데, 통상적으로 철거가 마무리 단계에 이르면 일반분양을 진행한다.

보상기간은 사업으로 인해 휴업 또는 폐업한 기간으로 4개월 이내까지 인정된다. 단, 해당 정비사업으로 인한 영업금지 또는 제한 때문에 4개월 이상 영업을 할 수 없는 경우와 영업의 규모가 크거나 고도의 정밀을 요구하는 등 특수한 영업으로 4개월 이내에 이전하는 것이 어렵다고 객관적으로 인정되는 경우에는 최장 2년까지 휴업기간으로 인정한다.

보상금액은 휴업을 한 기간 동안의 영업이익과 영업장소 이전 후 영업이익 감소분을 합한 금액으로 지급된다. 휴업기간 중 영업용 시설의 감가상각비, 유지보수비, 휴업할 때도 근무해야 하는 최소인원에 대한 인건비와 영업장소를 이전한다는 광고비 및 장소 이전으로 인해 발생하는 부대비용도 보상한다.

철거를 하다 보면 폐자재를 처리하고 땅을 고르는 데 상당한 시간이 걸린다. 이때 예상치 못한 복병도 자주 발생한다. 이주 단계에서부터 사업이 지연되면 그 손해가 더 커질 수밖에 없다.

이주·철거가 늦어지면 조합과 조합원 개개인에게 만만치 않은 부담이 발생한다. 100% 이주와 철거가 되기 전에는 착공을 할 수가 없기 때문에 그만큼 사업이 지연된다. 사업비와 이주비 대출로 인해 발생하는 금융비용이 늘어나는 것도 큰 부담이다.

이러한 금융비용은 결국 분담금 형태로 조합원에게 돌아온다. 만약 투자 당시에 대출을 끼고 매입을 했다면 그 부담이 더 크다. 결국 분담금을 못 내서, 대출을 갚기 위해서 등의 이유로 입주권을 다시 팔아야 하는 불상사가 일어날 수도 있다. 오랜 기간 거주했던 원주민도 사업 기간이 길어져서 분담금이 크게 발생하거나 이주비 대출 이자 부담이 커지면 새 아파트에 살지도 못한 채 집을 팔아야 한다.

이런 사상자를 줄이기 위해서는 '속도전'이 생명이다. 6장에서는 이주 협상의 어려운 점을 실제 사례를 통해 알아보고, 세입자를 끼고 투자를 하는 '갭투자' 등에 대해서 알아본다.

이주 협상, 재면 잴수록
비용과 시간이 급증한다

이주 협상에서 가장 중요한 것은 서로의 간극이 얼마나 큰지를 확인하는
것이다. 간극이 좁다면 최대한 빠르게 협상을 마치는 것이 중요하다. 이것
이 눈덩이처럼 불어나는 비용손해를 막는 지름길이다.

이주·철거에서는 사업에 동의하지 않은 현금청산 대상자와 세입
자를 얼마나 신속하게 내보내느냐가 중요하다. 사업에 참여한 조합원
의 경우 이주를 늦출 이유가 크게 없기 때문이다. 반면 현금청산 대상
자나 세입자는 조합 측으로부터 보상금을 받기 위해 이주를 거부하기
도 한다.

재개발의 현금청산 대상자나 재건축의 매도청구 대상자는 사업에
반대하거나 조합원 분양신청을 하지 않은 법인이나 사람을 뜻한다.
현금청산 대상이 되면 조합 측으로부터 보상금액을 제시받을 수 있
다. 만약 보상금액이 마음에 들지 않으면 제소기간 내에 이의를 제기
하거나 소송을 걸 수 있다.

해당 절차는 수용재결, 이의재결, 행정소송의 3단계에 걸쳐서 진행된다. 청산금은 감정평가액을 기준으로 정해진다.

문제는 이주와 철거를 거부하는 상황이 장기화될 때다. 높은 보상금을 받기 위해 이주를 거부하는 경우가 대부분이지만, 이사할 금전적인 여유가 없거나 건강상의 이유로 이사를 거부하기도 한다. 정든 터전을 뺏길 수 없다면서 버티는 사람도 있다. 이사 갈 집을 못 구했다면서 차일피일 이사를 미루는 경우도 있다. 이런 경우 법만으로는 해결할 수 없는 상황이 발생하기도 한다. 이유를 불문하고 이주와 철거가 늦어지면 조합과 조합원에게는 막심한 손해다.

철거가 늦어지면 일반분양 등 후속 절차도 모두 미루어질 수밖에 없다. 정부는 2017년 11·3 대책을 통해 철거가 100% 완료되어야 일반분양을 할 수 있도록 했다. 이 때문에 이주를 거부하는 가구가 1가구라도 있어서 이사와 철거를 거부하면, 조합은 막대한 손해를 볼 수밖에 없다.

간혹 사업을 못 하도록 건물을 점유하면서 적정한 보상금을 넘어선 금액을 요구하는 경우도 있다. 일명 '알박기'다. 법원에서 강제집행을 명령할 수 있지만, 각종 장애물을 세우고 24시간 사람이 들어앉아 집행을 거부하면 별도리가 없다. 빨리 보상금을 높여서 이주를 시키든지, 알박기 땅을 사업에서 제척除斥시키든지 하는 것이 좋다.

🏢 손해를 막는 노하우는 무엇인가

실제로 서울 성북구 장위10구역은 부지 내 사랑제일교회가 이전을 거부하면서 장기간 사업이 표류했다. 사랑제일교회는 극우 시위로 유명한 전광훈 목사가 담임목사로 있는 곳이다. 교회 측은 소화기를 뿌리고 사제 화염방사기를 쏘는 등 격렬하게 저항하면서 여섯 차례나 강제집행을 막았다. 조합에서 84억 원을 받았고, 법원이 157억 원의 보상안까지 제시했지만, 563억 원을 요구하면서 이주를 거부했다.

서울 성북구 장위10구역의 모습으로, 장위10구역은 부지 내 위치한 교회와의 보상금 문제로 사업이 지연되어 사업비 대출 이자만 680억 원에 이르는 등 큰 손해를 봤다. 이처럼 이주 과정에서 보상 문제 등으로 갈등을 빚는 재개발사업장도 많다.

장위10구역은 결국 2022년 3월 사랑제일교회를 사업에서 제척하기로 결정했다. 교회가 구역 한가운데 있어 오랜 기간 협의를 이어왔지만, 갈등을 해결하지 못하자 손해를 감수하기로 한 것이다. 장위10구역이 사랑제일교회 문제로 입은 손해는 2022년 3월 기준 910억 원 정도로 추산된다. 개발 면적 축소에 따른 손실 230억 원과 공사 지연에 따라 발생하는 대출 이자 680억 원이다.

가정에 불과하지만, 강제집행 실패 직후 제척결정을 빠르게 내렸다면 공사 지연에 따른 대출 이자는 상당수 아낄 수 있었을 것이다.

반면 서울 동작구 흑석11구역은 빠른 보상판단으로 사업 리스크를 줄였다. 2017년 서울 내 재개발사업장 중 최초로 신탁사를 사업시행대행자로 선정하면서, 신탁사가 부지 내 종교시설과의 이전 협상을 깔끔하게 처리했다. 적절한 보상금을 책정하고 논리적으로 설득한 것이 유효했다는 평가다. 공공건축가의 공공대안을 수립해서 사업기간을 단축하고, 평균 층수 13.3층에서 16층으로 올리는 건축심의를 통과해 수익성을 높이고 사업기간을 충분히 확보함으로써 여유롭게 협상에 임할 수 있었다.

이주 협상에서 가장 중요한 점은 서로의 간극이 얼마나 큰지를 확인하는 것이다. 간극이 좁다면 최대한 빠르게 협상을 마치는 것이 중요하다. 간극이 너무 크다면, 법적인 판단을 빠르게 내리고 상황을 타개할 수 있는 방안을 찾아야 한다. 이것이 눈덩이처럼 불어나는 비용 대비 손해를 막는 지름길이다.

갭투자도 전략적으로, 세입자 들일 땐 특약을 활용하자

재개발·재건축 지역에 세를 구하려면, 이런 특약사항을 포함해 재개발·재건축 지역의 특수성을 잘 파악하고 계약을 해야 한다. 재개발·재건축 지역은 아무래도 이주·철거를 앞두고 있다 보니 건물이 낡은 곳이 많다.

최근에는 전세나 월세 세입자를 끼는 '갭투자'로 재개발·재건축에 투자하는 사례가 많아졌다. 서울과 수도권의 집값이 크게 오르면서 현금이나 대출만으로 집을 사기에는 한계가 있어서다. 투자자 입장에서는 매매가에서 임대료를 뺀 금액만 지불하면 되기 때문에 부담이 크게 줄어든다. 굳이 오래된 노후 주택에 실거주하지 않으려는 심리도 있다.

전세가율이 높게 유지되고 있는 것도 갭투자자에게는 유리하다. 전세가율은 매매가 대비 전세 가격이 차지하는 비중을 말한다. 한국감정원에 따르면 2022년 상반기 전국 전세가율은 63.8%에 달한다. 수도권을 살펴보면 서울이 60.2%, 경기 64.3%, 인천 67%다. 집값이 10억 원이라면, 6억 원의 전세를 끼고 4억 원의 투자금만 있으면 된다는 뜻이다.

주택 매매가 대비 전세값의 비율인 전세가율은 지역이나 구역별로 제각기 다르기 때문에 그때그때 시세를 확인하면 된다. 기존의 세입자를 그대로 승계하기도 한다.

여기에 재개발·재건축은 조합원 분양 때 권리가액만큼의 금액이 인정되기 때문에 실투자금은 더 낮다고 볼 수 있다. 집값이 10억 원인데 6억 원 전세를 끼고 4억 원을 투자한 위의 사례를 기준으로, 만약 권리가액이 3억 원이라면 프리미엄은 1억 원이 되는 셈이다.

문제는 이주시기가 되었는데도 이주를 거부하는 '악성' 세입자다. 법적으로 정해진 보상금보다 높은 보상금이나 추가 이사비를 요구하거나, 보상대상이 아닌데도 보상을 요구하는 식이다. 물론 세입자라고 해도 오랜 기간 살아와 이사를 하기 힘들어하는 세입자도 많다. 세입자가 이주를 거부하면 사업이 지연되면서 금융비용은 늘어나고, 추가 보상금에 따른 돌발 지출도 생긴다.

주거이전비와 이사비도 결국 집주인인 조합원의 부담이다. 이사비는 임대인인 조합원이 직접 지급을 해야 하고, 주거이전비는 조합에서 선지급 후 구상권을 청구해 감정평가액에서 감액하기 때문이다. 만약 이주가 지연되어 사업이 지체되면 조합은 해당 조합원에게 손해배상금을 청구할 수도 있다.

🏢 특약사항을 잘 활용하자

세입자와 계약서 작성 때 '특약' 사항을 포함시켜놓으면 이런 불상사를 방지할 수 있다. 특약사항에 '재개발·재건축 사업으로 임차기간 이내에 해당 건축물을 철거해야 하는 상황이 되면 본 임대차계약은 자동으로 해지되며, 임대인의 요구 시 임차인은 즉시 대상 부동산을 임대인에게 조건 없이 명도한다. 임대인은 명도를 확인 후 임대차보증금을 지급하기로 한다'라는 문구를 넣으면 된다.

이외에 '명도 시 법적으로 보장된 것 외에 별도의 이사비나 위로금 등의 비용을 지급하지 않는다'와 같은 조항도 넣으면 불필요한 이사 지원비 등의 비용을 아낄 수 있다.

단, 주거이전비의 경우에는 포기각서와 특약을 쓰더라도 무효다. 주거이전비의 사회보장적 측면을 인정하고 있기 때문이다.

기존의 세입자를 승계하는 것이 아니라 재개발 예정지역에 집을 산 다음 세입자를 구하는 경우라면 약간의 수리비를 투자하는 것도 좋은 방법이다. 통상적으로 재개발·재건축할 집은 수리를 안 하는 경우가 많다. 하지만 약간의 수리만 해도 세입자를 구하기가 더 용이하고, 임대료도 조금 더 올려 받을 수 있다.

특히 전세가 아닌 반전세나 월세 세입자를 구해서 어느 정도 수익을 올리고 싶은 투자자라면 더욱 집수리에 신경을 쓰는 것이 좋다. 집 수리는 내부 수리와 함께 외부도 어느 정도 신경 쓰는 것이 좋다. 가령 출입구의 조명을 밝게 바꾼다거나, 낡고 곰팡이 핀 복도를 새롭게 도색하는 식이다. 지역마다 다르지만 수리가 된 집과 안 된 집은 공실률뿐 아니라 월세도 5만~15만 원 정도 차이가 난다.

만약 재개발·재건축 지역에 세를 구하려는 임차인이라면, 이런 특약사항을 포함해 재개발·재건축 지역의 특수성을 잘 파악하고 계약을 해야 한다.

재개발·재건축 지역은 아무래도 이주·철거를 앞두고 있다 보니 건물이 낡은 곳이 많다. 집주인인 조합원 입장에서는 곧 철거할 건물이기 때문에 유지보수를 하지 않는 경우도 많다. 대신 임대료가 주변에 비해 저렴하게 책정되는 편이다. 이런 특수한 상황을 임대인과 임차인이 서로 잘 알고 계약을 해야 나중에 감정 상할 일이 없다.

추가로 투자할 수 있는
대체주택제도 200% 활용법

대체주택제도는 특히 부동산 상승기에 유용한 투자수단이 될 수 있다. 서울 등 주요 지역은 사업시행인가 이후 입주까지 평균 7년 정도의 시간이 걸리기 때문에 충분히 상승 여력이 있다.

이주할 때 만약 자금 여력이 충분하다면 '대체주택제도'를 활용해서 추가 투자를 할 수도 있다. 대체주택이란 국내에 1주택을 소유한 가구가 해당 집이 재건축이나 재개발을 하는 동안 거주하는 다른 주택을 말한다. 대체주택은 다주택 규제를 받지 않기 때문에 절세를 하면서도 투자를 할 수 있다.

재개발·재건축 과정에서 이주비 대출 등을 통해 전세 주택을 알아보는 경우가 많다. 입주 전까지만 거주할 곳을 구하기 때문에 매매보다는 전세를 선호하는 것이다.

하지만 최근에는 전세보다 매매를 알아보는 사람이 늘고 있다. 이주기간이 길어질수록 이자 부담이 커지는 전세보다 부동산 가치 상승으로 이익을 볼 수 있는 매매에 눈을 돌리는 것이다. 대체주택제도는 이런 경우 아주 유용하다.

일반적으로 조정대상지역의 일시적 2주택자는 기존 주택을 1년 안에 매도해야 비과세 대상이 된다. 하지만 대체주택의 경우 기존 주택이 입주권으로 바뀌고 그동안 거주할 다른 주택을 취득할 때는 특례 조항이 적용된다.

「소득세법 시행령」제156조의2(주택과 조합원입주권을 소유한 경우 1세대 1주택의 특례)는 재개발·재건축 예정 주택 한 채를 소유한 자가 그 주택의 공사기간 중 거주의 목적으로 대체주택을 취득해 거주한 후에 그 대체주택을 매도할 때에는 비과세를 적용한다고 규정하고 있다. 일시적 2주택 지위를 유지하면서도 비과세 혜택을 누릴 수 있다는 이야기다. 해당 주택을 재건축 등으로 인해 마련한 임시용 주택으로 보기 때문이다.

물론 비과세를 위한 요건은 있다. 먼저 종전주택(재개발·재건축 구역 내에 보유하고 있는 기존 주택)은 관리처분계획인가일 이전에 취득해야 한다. 관리처분계획인가일 이후 취득한 승계조합원 지위라면 특례 적용이 불가능하다.

대체주택 취득시기도 잘 따져야 한다. 대체주택은 주택사업의 사업시행인가가 이루어진 이후에 취득해야 한다. 사업시행인가 이전에 대체주택을 구입하게 되면 투기수요로 판단해 비과세가 인정되지 않는다. 대체주택을 매입할 땐 일시적 2주택 규정과 달리 종전주택과 대체주택의 취득일 사이에 1년의 기간을 두지 않아도 된다. 사업시행계획인가일 기준으로 1주택이어야 한다. 만약 사업시행계획인가일 현재 일시적 2주택자라면 대체주택 취득 이전에 1주택을 반드시 매각해야 한다.

대체주택을 매수했다면 해당 주택에서 1년 이상 거주해야 한다. 계속 거주의 개념은 아니고, 통산해서 1년이 넘으면 된다. 또한 분양권이나 입주권이 주택으로 전환되어서 1년 이상 거주를 했다고 해도 대체주택으로 인정된다. 대체주택의 양도는 재개발·재건축으로 지어진 주택의 준공 2년 이내에 하면 된다.

대체주택제도는 부동산 상승기에 유용한 투자수단

양도를 마쳤다고 해서 비과세 요건이 마무리된 것은 아니다. 사후관리 규정이 남아 있다. 신축주택 준공 이후 2년 이내에 모든 세대원이 신축주택으로 전입해야 한다. 아울러 전 세대원은 전입 이후 1년 이상 거주의 의무가 있다. 취학, 근무상의 이유, 질병의 요양 등의 예외사유가 있다면 명확히 소명해야 한다. 2019년 12·16 대책 이후에 대체주택을 구입했다면 살던 집은 1년 안에 팔아야 하고, 새로 산 주택에도 1년 안에 입주해야 한다.

대체주택 처분 시점도 중요하다. 조정대상지역에서 2018년 9·13

대책 이전에 대체주택을 취득했다면 살던 집은 3년 안에 처분하면 된다. 그러나 9·13 대책 이후에 대체주택을 샀다면 처분 시한은 2년으로 줄어든다.

대체주택 마련에는 큰돈이 든다고 생각하지만 꼭 그런 것은 아니다. 당장 들어가 살 형편이 안된다면 전세를 끼고 대체주택을 취득한 뒤, 적절한 시점에 대체주택 거주기간을 충족하면 비과세 특례 적용이 가능하다.

대체주택제도는 특히 부동산 상승기에 유용한 투자수단이 될 수 있다. 서울 등 주요 지역은 사업시행인가 이후 입주까지 평균 7년 정도의 시간이 걸리기 때문에 충분히 상승 여력이 있다. 하지만 변동 폭이 적고 하락 가능성도 있는 지방이나 소도시는 대체주택으로 투자이익을 실현하기가 쉽지 않다. 이 때문에 대체주택제도를 활용할 때는 매매 시점과 매도 시점의 가격을 잘 파악하는 것이 중요하다.

대부분의 조합이 가장 신경 쓰는 부분은 마감재 그리고 커뮤니티
다. 하지만 거주자의 선호도와 맞지 않거나 유지관리가 힘들어 방
치중인 커뮤니티 시설도 허다한 만큼, 입주민의 지불능력이나 단
지규모 등 운영요건을 생각해 커뮤니티 시설을 설계해야 불필요하
게 새는 돈을 막을 수 있다. 조합원 입장이라면 겉모습보다는 아파
트 구조와 내실 등에 더욱 공을 들여야 한다. 만약 20~30년 이상
장기 거주가 가능한 '명품단지'를 만들고자 한다면 '라멘 구조'가
나쁘지 않은 선택이 될 수 있다.

7장

쓸 땐 쓰고 아낄 땐 아껴야 명품단지가 된다

품질과 비용의 상관관계

명품단지를 만들면
그만큼 가치가 높아진다

입찰 과정에서 조합 임원과 시공사 간의 비리 정황이 발견되는 사례가 발생하기도 한다. 만약 비리에 쓰일 비용과 잘못된 재하청 구조를 애당초 방지했더라면 사고가 일어나지 않았을 것이다.

사업시행인가와 관리처분인가를 받고 이주까지 끝내면 철거를 시작으로 각종 공사가 본격적으로 시작된다. 실제 입주할 건물(아파트, 상가, 조경 등)이 만들어지는 시기이고, 그만큼 대규모 자금을 투입해야 하는 시기다. 그 전까지는 명품을 만들기 위해 도안圖案을 만드는 것이었다면, 이제부터는 도안을 바탕으로 재료와 기계를 가지고 진짜 실물 명품을 만들어야 하는 중요한 단계다.

착공신고서가 접수되면 이전에 정해놓은 설계도와 공사계약에 따라 공사가 진행된다. 공사를 하는 와중에도 설계가 변경될 순 있지만, 큰 틀은 그대로 유지된다.

그래서 사업시행 이후 실시설계가 확정되는 시기에 마감재와 각종 시공비를 꼼꼼히 잘 챙겨놓아야 한다. 그리고 공사가 시작되면 제대로 계획이 집행되고 있는지, 하자는 없는지 감리업체를 통해 수시로 살펴야 한다.

공사가 진행되다 보면 예상치 못한 다양한 변수가 생긴다. 갑자기 특정 자재 값이 오르기도 하고, 타워크레인이나 화물차, 각종 특수 기계 업종의 파업이 일어나기도 한다. 날씨 때문에 공사를 못 하거나, 지연되기도 한다.

공정관리는 도급 시공사의 책임이지만, 조합에서도 다양한 대비를 할 수 있다. 대체로 공사에 어려움을 겪는 곳은 공사비가 넉넉하지 않거나, 공사기간이 빠듯한 경우가 많다. 공사비와 공사기간을 단축하려고 무리하게 공사를 하다 보면 하자가 발생하거나 사고가 일어날 수 있다. 조합은 발주자이자 시행자로 이런 부분을 계약 단계에서 조율해줄 수 있다.

명품단지를 만들기 위해선 '쓸 땐 쓰고 아낄 땐 아끼는' 자세가 필요하다. 특히 안전과 관련한 비용은 최대한 넉넉하게 배정하는 것이 좋다. 안전과 관련한 비용은 당장 비용절감이 가능한 분야로 인식되기 쉬운데, 사고가 발생하면 그 비용이 막대하다. 게다가 인명사고라도 나면 단순히 '손실'만으로 그치지 않는다. 아낄 수 있는 부분을 아끼면 충분히 비용을 충당할 수 있다. 특히 불필요한 부분을 과감하게 포기하는 것이 좋다.

품질과 비용은 결국 비례하기 마련이다. 비용을 많이 투입하면 당연히 품질이 좋아질 수밖에 없다. 반면 비용지출이 불가피한데도 부담을 지기 싫어서 회피하면 결국에는 더 큰 손해로 이어지기 십상이다. 명품단지를 만들면 그만큼 아파트의 가치가 높아질 수 있다는 것을 명심해야 한다.

🏢 품질과 비용은 결국 비례한다

2021년 6월과 2022년 1월 광주광역시에서는 두 차례의 붕괴사고로 안타까운 생명이 희생되었다. 2021년 6월 9일 17명의 사상자가 발생한 동구 학동4구역 철거현장 붕괴사고와 2022년 1월 11일 6명의 사망자와 1명의 부상자가 발생한 서구 화정아파트 신축공사 붕괴사고다. 두 사고 모두 원인은 달랐지만 무리한 공사와 절차를 무시해서 생긴 일이다.

학동4구역 철거현장 붕괴사고는 하청에 하청을 거듭한 도급구조가 근본원인으로 지목되었다. 학동4구역 조합은 철거·시공 계약을 HDC현대산업개발과 했고, 석면 및 지정물 철거는 다원이앤씨와 계약을 체결했다. 그런데 두 업체 모두 재하청과 이면계약 형태로 한솔기업이라는 곳에 재하청을 주었고, 한솔기업은 다시 백솔건설에, 백솔건설은 다시 아산산업개발로 재재하청을 주었다. 이 과정에서 중간에 낀 업체들이 중간 비용을 수령한 탓에 실제 철거공사비가 대폭 줄어

신축아파트 공사 도중 붕괴사고가 일어난 광주 화정아파트 모습이다. 비용절감을 위해
지나치게 공사를 서두르거나 부실시공을 하는 경우 큰 사고로 이어질 수 있다. 명품단지
와 빠른 입주를 위해서는 일정한 비용은 지출을 해야 한다(소방방재청 제공).

들었다. 최종 철거에 투입된 업체는 기술력이 부족한 인력과 장비를
사용해서 철거를 했다.

 화정아파트 붕괴사고도 무리한 공사가 원인이었다. 공사기간이 모
자라면서 당국의 승인도 받지 않고 설계를 변경했다. 콘크리트를 충
분히 굳히고 위층의 콘크리트를 타설해야
하는데, 제대로 양생養生*이 안 된 채로 건물
을 급하게 올렸다. 겨울 날씨에 얼어붙은 콘
크리트를 양생이 되었다고 오인한 것이다.

양생: 콘크리트 치기가 끝난 다
음 온도·하중·충격·오손·파손
등의 유해한 영향을 받지 않도
록 충분히 보호·관리하는 것을
일컫는 말.

 사고로 인해서 학동4구역의 조합원과 화정아파트의 분양자들은 입
주도 못 한 채 외지를 떠도는 신세를 면치 못했다. 사건을 수습하고 아

파트를 짓는다고 해도 '사고가 났던 아파트'라는 오명을 안은 채 살아야 한다.

두 현장은 모두 입찰 과정에서 조합 임원과 시공사 간 비리 정황이 발견되기도 했다. 만약 비리에 쓰일 비용과 잘못된 재하청 구조를 방지했더라면 사고가 일어나지 않았을 것이다.

비용 아끼고 수익성 올리려다
하자와 소음이 발생한다

대출로 거의 모든 사업비를 조달하는 재개발·재건축은 비용을 절감하는
것이 꼭 필요하다. 그런데 대부분 조합은 그 반대로 하는 경우가 많다. 이
런 선택은 결국 하자나 안전문제를 야기하기 마련이다.

재개발·재건축 사업은 비용과 수익성의 싸움이다. 비용은 줄이고
수익성은 높여야 각 조합원의 부담이 줄어들기 때문이다. 비용을 줄
이고 수익성을 극대화하는 것도 철저한 고민이 필요하다. 비용을 아
끼려다가 하자가 발생하거나 입주 후 층간소음에 큰 스트레스를 받기
도 하는 등 피해가 발생할 수 있어서다. 수익성을 높이려다가 장기 미
분양의 수렁에 빠질 수도 있다.

현 상황에서는 분양가를 올려서 수익성을 높이는 데는 한계가 있
다. 특히 정부는 수도권 주요 지역을 분양가상한제 적용지역으로 지
정했고, 수도권 대다수 지역을 규제지역으로 지정했다. 뿐만 아니라
주택도시보증공사(HUG)에서는 보증 제도를 이용해 분양가를 통제

하고 있다. 지방자치단체에서도 분양가 승인을 까다롭게 하는 편이다. 재건축 단지의 경우 재건축 초과이익 환수 때문에 상당한 금액을 세금으로 내야 한다.

이처럼 분양가가 통제되는 상황 속에서 수익성을 올리려면 일반분양 가구 수를 늘리는 수밖에 없다. 설계변경 등을 통해 층수를 높이고 평면구조를 바꾸는 이유도 대부분 일반분양 가구를 늘리는 데 목적이 있다. 또한 조합 전체 입장에서는 '1+1(원 플러스 원)'을 선택하는 조합원이 적을수록 이익이 크다. 조합원 분양가보다 일반분양가가 높게 책정되기 때문이다.

🏢 당장의 수익과 미래의 이익 사이

벽식 구조나 무량판 구조로 건물을 짓는 것은 가구 수를 늘리는 가장 흔한 방법이다. 건물 구조는 크게 '기둥이 있느냐, 없느냐'로 나뉜다. 무게를 지탱하는 수평 기둥인 '보'가 있으면 라멘 구조라 하고, '보'가 없이 슬래브와 기둥으로 이루어져 있으면 무량판 구조라고 한다. 기둥 없이 벽이 위층 수평 구조(슬래브) 무게를 지탱하는 구조가 벽식이다.

통상 벽식 구조와 무량판 구조로 20층을 지을 때 라멘 구조는 18층 정도밖에 지을 수 없다. 라멘 구조는 층과 층 사이에 보가 들어가기 때

벽식 구조

기둥 없이 벽이 천장을 받치는
형태.

기둥식 구조

천장에 수평으로 설치한 보와
기둥이 천장을 받치는 방식.

무량판 구조

보 없이 바닥과 기둥만 있는
형태.

아파트의 내력구조 종류. 벽식 구조는 기둥 없이 벽체만으로 위층의 지붕(슬래브)을 통해 전해지는 무게를 지탱하는 구조다. 기둥식 구조(라멘 구조)는 기둥과 함께 기둥 사이를 연결하는 보가 무게를 떠받친다. 무량판 구조는 벽식 구조를 개량한 것으로, 기둥과 벽체가 슬래브와 연결되는 구조다.

문에 층고가 높아져 같은 용적률이라도 층수가 낮아지기 때문이다. 벽식이나 무량판 구조로 지으면 1개 동마다 2~3층 규모의 가구 수가 늘어나는 것이다.

문제는 벽식 구조가 소음에 취약하다는 것이다. 무량판 구조도 벽식보다는 낫지만 소음이 제법 발생한다. 라멘 구조는 소음이 가장 적은 편이다. 소음을 기둥과 보가 분산시켜서 진동을 최소화하기 때문이다. 국토부에 따르면 2007년부터 10년간 지은 전국 500가구 이상 아파트의 98.5%가 벽식 구조다. 명품단지라고 스스로 홍보하지만 층간소음이 발생하는 단지가 많은 이유다.

　실제로 아파트에만 들어가면 맨발로 다니는데도 소음이 크게 들린다. 반면 사무실 등 빌딩에서는 위층 구둣발 소리가 들리는 경우는 거의 없다. 라멘 구조로 지어져 있기 때문이다.

　최근에 건설사들은 층간소음 문제를 해결하겠다면서 슬래브 두께를 두껍게 하는 방식을 제안하고 있다. 일정 부분 효과는 있겠지만, 한계가 분명하다.

　라멘 구조는 건물 전체를 허물고 다시 지어야 하는 벽식 구조나 무량판 구조와 다르게 벽체를 자유롭게 뜯고 새로 지을 수 있다. 한마디로 '재건축이 필요 없는 건물'이다. 재건축에 필요한 철거 비용을 들이지 않고 쉽게 '리뉴얼'이 가능하다. 만약 20~30년 이상 장기 거주를 하면서 이사 갈 필요가 없는 '명품단지'를 짓고 싶다면 라멘 구조가 나쁘지 않은 선택이 될 수 있다.

　라멘 구조의 단점은 주택 내부에 기둥이 있어서 시야와 동선의 불편을 야기한다는 것이다. 그래서 라멘 구조를 채택할 땐 설계가 중요하다. 기둥이 불편하게 느껴지지 않도록 동선이나 방 배치를 할 필요

서울 성동구 성수동 트리마제아파트 전용 151㎡ 내부 평면도. 트리마제는 일반적인 아파트와는 다르게 기둥과 보가 위층의 무게를 지탱하는 기둥보 구조로 지어졌다. 흔히 기둥보 구조는 벽식 구조에 비해 평면 배치가 어렵다는 평가가 많지만, 트리마제의 경우에는 발코니 사이 공간에 기둥을 배치하는 등 기둥이 동선과 시야를 방해하는 요소를 최소화했다(네이버부동산).

가 있다.

실제로 서울 성동구 성수동의 고급 아파트 '트리마제'는 라멘 구조로 지어졌다. 공동주택 최초로 조식 서비스를 도입한 곳이다. 트리마제 내부를 보면, 기둥의 불편함을 최대한 줄이고, 미관을 살릴 수 있는 요소로 기둥을 활용한 설계가 돋보인다. 기둥을 침실과 거실, 발코니 사이 공간에 넣어서 공간을 분리하는 벽처럼 썼다.

어쩔 수 없이 주택 내부에 기둥이 있는 경우에는 기둥을 기점으로 발코니와 거실을 분리하는 창을 달아서 공간을 분리하는 용도로 썼다. 발코니를 확장하는 경우에도 기둥이 크게 불편하게 느껴지지 않는데, 이는 창의 향 때문이다. 기둥을 기준으로 건물이 완만한 90도로 꺾이기 때문에 기둥의 좌우로 보이는 창문의 풍경이 달라진다. 한쪽으로는 한강이 보이고 다른 한쪽으로는 단지 안이나 공원이 보이는 식이다.

🏢 비용 아끼려다가 하자투성이 아파트

대출로 거의 모든 사업비를 조달하는 재개발·재건축은 비용을 절감하는 것이 꼭 필요하다. 불필요한 옵션이나 자재를 빼고, 내실을 강화하는 것이 가장 좋다. 그런데 대부분의 조합은 안타깝게도 그 반대로 하는 경우가 많다. 이런 선택은 결국 하자나 안전문제를 야기하기 마련이다.

대부분의 조합이 가장 신경 쓰는 부분은 마감재나 커뮤니티다. 실생활에서 바로 눈에 보이는 부분이기 때문이다. 마감재나 커뮤니티는 비용을 들인 만큼 가시적인 변화가 크다. 외부에서 바라볼 때도 마감재나 커뮤니티가 먼저 눈에 들어오기 때문에 집값에도 더 많은 영향을 준다.

하지만 마감재나 커뮤니티에 너무 많은 비용을 들이다 보면, 정작 중요한 내실이 부족해질 수 있다. 마감재에 지나치게 많은 돈을 들이느라 다른 자재비나 안전문제에는 상대적으로 인색해지는 것이다. 기술이나 안전 같은 부분은 전문가가 아닌 이상 차이를 찾아내기 어렵다. 하지만 결국 조합의 이러한 선택은 하자나 부실공사로 이어지기 마련이다.

건물 내·외부 균열(크랙)은 아파트 입주시기가 되면 가장 많이 제기되는 하자瑕疵다. 흔히 부실시공 때문이라고 생각하기 쉽지만, 원인을 깊숙이 들여다보면 비용절감 과정과 공사기간 단축 때문에 더 많이 발생한다. 실제로 수평크랙이나 부분 파손 대다수가 이에 해당한다.

이런 하자의 대부분은 미장美匠·도장塗裝 과정에서 발생한다. 미장은 흙, 회반죽, 모르타르 등을 벽·천장·바닥에 바르는 것을 말한다. 도장은 재료의 표면을 보호 혹은 미화하기 위해서 페인트나 래커 등의 도료를 바르거나 뿜어서 도막塗膜을 형성하는 작업이다. 콘크리트를 타설하다 보면 날씨와 비율이 항상 같을 수 없기 때문에 수축과 팽창과정에서 미세한 균열이 생긴다. 그래서 미장은 벽과 천장, 바닥에 3번 정도는 반복해야 하자가 없다. 그런데 대부분의 현장에서는 비용과 시간을 아끼느라 1번이나 2번 정도만 하고 만다. 수축저감제(균열방지재)를 쓰긴 하지만 완전하지 않다. 결국 몇몇 가구와 일부 외벽에 크랙이 생기게 된다.

🏛 비용절감 vs. 안전, 균형감 있는 '공학윤리'가 필요하다

안전문제도 비용절감의 유혹에 흔들리기 쉬운 분야다. 기술적으로는 충분히 건축물을 안전하게 시공할 수 있다. 하지만 비용이 그만큼 늘어나기 때문에 모든 부분을 다 지키기가 어렵다.

결국 발주자와 시공자가 '적정한 정도'를 정해야 한다. 시공사의 엔지니어는 비용 내에서 안전하게 건물을 지을 수 있는 최적의 방법을 제시해야 한다. 발주자는 최소한의 안전 보장을 위해 비용과 시간을 투자할 수 있어야 한다. 만약 적정한 정도를 제대로 정하지 못하면 결국에는 사고로 이어질 수 있다.

각종 화재사고의 주요 원인이 되는 단열재도 결국 비용이 문제다. 콘크리트 건물은 기본적으로 불에 타지 않는다. 1개 가구에서 불이 나도 다른 가구로 옮겨붙지 않는 것이 정상이다. 하지만 외벽과 내벽 사이에 설치하는 단열재가 불을 옮기고 유독가스를 발생시켜서 대형 화재로 이어진다. 단열재도 불에 타지 않거나 불에 잘 견디는 소재가 있지만, 비용이 저렴한 우레탄폼을 주로 사용한다. 우레탄폼은 가연성이 매우 높고 연소점이 낮아 화재에 취약하다.

실제로 우레탄폼은 우리나라에서 발생한 대형 화재의 주범으로 지목되어왔다. 2008년 이천 물류 냉동 창고 화재, 2018년 밀양 세종병원 화재, 2017년 제천 스포츠센터 화재, 2020년 이천 물류센터 화재, 2020년 용인 물류센터 화재 등이 모두 우레탄폼을 심재로 사용한 샌드위치

패널 때문에 화마를 키웠다. 2021년에 가연성 소재 사용을 금지하는 법이 통과되었지만, 여전히 2시간 정도 내화성능만 갖추면 되어서 완전히 불에 타지 않는 소재를 사용하는 현장은 크게 늘지 않았다.

우리나라 건설업계는 공사기간을 단축하는 것을 중요하게 생각한다. 공사기간이 짧아지면 그만큼 장비와 인력을 투입하는 비용을 줄일 수 있고, 금융비용도 최소화할 수 있어서다. 시공사도 이윤이 커지기 때문에 공사기간을 단축하려고 노력한다. 발주자인 조합이 공사기간 연장을 부정적으로 받아들이는 것도 한몫한다.

문제는 공사기간이 촉박하다 보니 각종 사고와 부실공사가 일어날 확률이 커진다는 것이다. 공사를 하다 보면 예기치 못한 일이 많이 생긴다. 날씨가 좋지 못해서 정해진 공정을 수행하지 못할 수도 있고, 자재나 장비의 수급일정에 차질이 생기기도 한다. 문제는 이런 일이 있어도 전체 공사기간을 연장하는 일이 드물다는 것이다. 결국 지체된 시간을 만회하기 위해 무리한 공사를 하게 되고, 이 과정에서 이런저런 사고가 일어난다.

건설현장에서는 두세 달에 한 번씩 자재 운반 및 작업중 낙하물로 인한 충격, 깔림, 매몰사고가 지속적으로 발생한다. 정부 조사에 따르면 지난 2018년부터 2021년까지 4년 동안 연간 60명이 넘는 근로자가 건설기계 및 낙하물 때문에 사망했다. 이런 사고 대부분이 바람이 강한데도 자재를 옮기고, 위험 자재가 운반될 때도 버젓이 지상에서 다른 작업을 진행하다 보니 발생한다. 안전수칙이 있지만 공사기간을 줄이려다 보니 지키는 경우가 드물다.

　실제로 2020년 10월 타워크레인을 이용해 테크플레이트를 들어 올리는 '양중' 작업을 하다가 자재가 줄걸이에서 이탈해 떨어져 하부에서 작업중이던 근로자가 사망하는 사고가 발생했다. 조사결과 급하게 자재를 옮기는 과정에서 타워크레인 줄걸이 결속이 부실했던 것으로 드러났다. 그리고 근로자의 출입금지 조치도 제대로 지켜지지 않았다.

화려한 커뮤니티와 컨시어지, 제대로 운영 못하면 관리비만 샌다

커뮤니티 시설은 가장 중요한 부동산 가치 상승을 이끄는 요소다. 그러나 재개발 조합원의 입장이 된다면 운영요건 등을 생각해 커뮤니티 시설을 설계해야 불필요하게 새는 돈을 막을 수 있다.

최근에는 단지 내에 조성되는 커뮤니티(주민공동시설)의 중요성이 커지고 있다. 커뮤니티 시설이 고급 아파트의 척도로 여겨지며 아파트의 가치를 좌우하기도 한다. 커뮤니티 시설이란 공동주거시설에서 입주민의 편의를 위한 각종 주민편의시설이나 주민공동시설을 일컫는다. 이들 시설과 아파트 동 사이를 잇는 산책로와 조경의 중요성도 커지고 있다.

우리나라는 법에 따라 아파트를 지을 때 주민공동시설을 의무적으로 설치하도록 하고 있다. 150가구 이상 규모의 아파트는 경로당과 어린이 놀이터를 설치해야 한다. 300가구 이상은 여기에 어린이집도 설치해야 한다. 500가구 이상은 주민운동시설과 작은 도서관을 추가로

경기도 화성 동탄신도시에 위치한 한 아파트 단지 내 실내골프연습장이다. 아파트에서 커뮤니티(주민공동시설)는 단지의 가치를 끌어올리는 주요 시설로 자리매김하고 있다. 도입초기에는 주민들의 편의를 돕는 시설 정도로만 인식되어왔지만, 고급화 등을 거쳐 집값을 좌우하는 중요 요소가 되었다.

지어야 한다.

최근에 지어진 대단지 아파트들을 보면 법에 정한 기본적인 주민공동시설 이외에도 상당히 다양한 커뮤니티 시설과 서비스를 제공하고 있다. 피트니스, 골프연습장, 스카이라운지, 카페테리아, 독서실 등이 대표적인 커뮤니티 시설이다. 수영장, 사우나, 게스트하우스, 아이스링크, 펫카페 등 커뮤니티의 범주도 넓어지는 추세다. 최근에는 단지 내 캠핑장이나 영화관까지 생겨나고 있다.

커뮤니티 시설은 단지의 차별성을 부각하고, 아파트 브랜드 이미지를 높이는 좋은 수단이다. 아파트 단지 내에서 각종 휴식이나 여가생활, 보육과 교육까지 해결할 수 있다는 장점도 있다.

하지만 거주자의 선호도와 맞지 않거나 유지·관리가 힘들어 관리되지 않고 방치중인 커뮤니티 시설도 허다하다. 애물단지로 전락하며 분쟁을 일으키는 대표시설 중 하나가 수영장이다. 아파트 내 수영장의 폐쇄율은 꽤나 높은 편이다. 경기도 김포 구래동 '한가람마을우미린', 인천 중구 운남 '영종자이' 등 현재 수영장 및 물 놀이터 운영을 멈춘 단지들이 다수다.

🏢 커뮤니티 시설의 명과 암

입주민들은 수영장 운영으로 인해 관리비가 비싸진다는 불만을 빈번하게 내비친다. 수영장 시설을 관리하려면 수도세부터 전기세, 수질 관리를 위한 약품구입비, 청소비, 안전요원 고용비 등 생각보다 많은 비용이 포함된다. 월 관리비는 1가구 평균 3만 원 내외 수준으로 책정된다.

주민들 사이에서는 '수영장 사용 세대만 비용을 부담하라'는 견해와 '가구 수로 공평하게 나눠 내야 한다'는 입장이 극명하게 엇갈린다. 관리비 보충을 위해 외부인들에게 커뮤니티 시설을 개방하는 것도 입주민들의 반감으로 인해 녹록지 않다. 관리비 부담을 덜 수 있겠지만 보안이 취약해질 우려가 있고, 최고급 아파트 시설을 누리는 프리미엄이 사라진다는 이유에서다.

지난 2019년 10월 3.3m²(1평)당 1억 원 시대를 열며 시장의 관심을 이끌었던 서울 서초구 반포동 '아크로리버파크'가 이와 관련한 분쟁을 앓았던 대표적인 단지다.

이곳은 2016년 8월 입주 이후 1년 8개월 만에 수영장을 비롯한 총 15개소 주민공동이용시설을 반포동 주민에 한해 개방했다. 국내에서 아파트 커뮤니티 시설을 외부인이 사용하도록 한 것은 해당 단지가 최초다. 이 단지는 2014년 6월 커뮤니티 시설 개방 조건으로 서초구청으로부터 특별건축구역으로 지정되어 가구별 층고를 기존보다 30cm 높이고, 최고층을 38층까지 지을 수 있었다.

단지 내 커뮤니티 시설을 개방하기까지 난관은 적지 않았다. 외부인의 이용을 탐탁지 않게 여기는 주민들이 개방을 반대하면서 한동안 이웃 주민 개방 약속이 지켜지지 않은 것이다. 당시 입주민들은 "보안이 취약해질 우려가 있고 최고급 아파트 시설을 누리는 프리미엄이 사라진다"고 주장했다.

하지만 특별건축구역 혜택을 이미 얻었기 때문에 개방은 불가피했다. 이후 서초구민에 한해 입주민 대비 1.5배의 이용요금을 내고 시설을 이용할 수 있게 협의가 되었다.

수영장 운영에 있어서는 소음과 습도 문제도 있다. 아이들에게 인기 많은 물 놀이터의 경우 단지 내에 있다 보니 소음이 빠져나갈 공간이 없어 시끄럽고, 놀이터 주변의 습도를 높여 불쾌함을 조성한다는 불만을 야기한다. 물 놀이터로 인해 바닥으로 사용되는 우레탄의 부식이 야기되어 꺼리는 입주민들도 있다.

서울 성동구 성수동 '트리마제'가 첫선을 보이며 이목을 끌었던 조식 서비스도 커뮤니티 시설과 관련한 주요 갈등 소재로 회자되곤 한다. 조식 서비스는 건강한 아침을 챙길 수 있다는 심리적 만족감과 편리함을 준다. 더불어 최근에는 교류가 적은 이웃과 마주칠 수 있는 기회로도 작용한다.

조식 서비스도 계속적인 운영을 위해서는 수익 개념으로 다가갈 수밖에 없다. 조식 서비스 업체 선정비용, 시설 이용에 따른 관리비 증가분 등을 주민이 부담해야 하기 때문에 이용하는 입주민들이 꾸준하지 않다면 결국 서비스 질 저하 등이 잇따르게 된다. 조식 서비스를 이용하지 않는 주민 입장에서는 인건비와 시설유지비 등 고정비용을 같이 부담해야 해 당연히 불만이 생긴다. 물론 업체와 어떻게 계약을 하느냐에 따라 부담 비율은 달라지겠지만 조식 서비스 도입은 입주민 간 긴밀한 조율이 필요한 대목이다.

커뮤니티 시설은 자치, 위탁, 임대 등의 형태로 운영된다. 지속적이고 전문적인 관리가 필요한 점을 고려하면, 위탁운영 방식이 유리하다. 주민들의 자원봉사단 활동도 커뮤니티 운영에 많은 도움이 된다. 각종 시설을 관리사무소를 중심으로 배치해서 관리의 편의성을 높일 수도 있다.

커뮤니티 시설은 입주민의 편의 만족도, 공동체 활성화 등에 분명 긍정적인 영향을 미친다. 어쩌면 가장 중요한 부동산 가치의 상승도 불러올 수 있는 요소다. 그러나 재개발 조합원의 입장이 된다면 입주민의 지불능력이나 단지규모 등 운영요건을 생각해 커뮤니티 시설을 설계해야 불필요하게 새는 돈을 막을 수 있다.

피할 수 없는 공사비 증액,
꼼꼼한 자료조사가 필수다

분양가 규제가 계속되는 상황에서 공사비마저 오르면 재개발·재건축의 사업성은 갈수록 떨어질 수밖에 없다. 여기에 공사비 증액 때문에 시공사와 마찰이 커지면 예상치 못한 사업지연을 겪을 수 있다.

공사비 증액도 재개발·재건축 사업의 중요한 고민거리다. 재개발·재건축은 사업시행인가 이후에 시공사를 선정하는데, 실 착공과는 시간적 괴리가 있다. 중간 절차인 관리처분인가와 이주·철거 기간에 최소 3년 정도가 필요하다. 결국 착공시점에는 자재비나 인건비, 시공단가 등이 올라 있기 마련이다.

공사비 증액 범위는 통상적으로 소비자물가지수나 건설공사비지수를 기준으로 정해진다. 두 지수의 평균값을 기준으로 하기도 한다. 관련 내용은 시공 도급 계약서에 담긴다. 물가상승률을 공사비에 반영하기 위한 장치다.

설계가 변경되어도 공사비가 증액될 수 있다. 또한 건물 연면적이 변하거나 가구 수의 변동이 있으면 이를 반영해서 공사비도 바뀌게 된다. 마감재 등 자재품목을 바꿔도 해당 부분의 공사비를 다시 책정해야 한다.

설계변경으로 인한 공사비 증액은 많은 조합과 시공사가 갈등을 빚는 부분이다. 시공사는 설계가 변경되면 당연히 오른 물가를 모두 반영해서 공사비를 증액하려고 한다. 반면 조합은 바뀐 부분에 대한 증액만 인정하거나, 무상 변경을 요구한다. 협상이 제대로 안 되면 소송이나 시공사 계약해지로 번지는 경우도 있다.

간혹 공사비 인상을 하지 않겠다는 제안을 하는 시공사도 있다. 하지만 이 경우도 함정이 있기 마련이다. 독소 요인을 정확히 파악하지 않고 시공사를 선정하면 뒤늦게 공사비가 증액되면서 분담금 폭탄을 맞을 수 있다.

그중 공사비 인상을 하지 않는 시일을 제한해놓은 경우가 있다. 보통 착공예정일까지 공사비 인상이 없다고 못을 박아놓는다. 하지만 돌발 변수가 많은 재개발·재건축 사업은 처음 착공예정일을 넘겨서 착공하는 경우가 많다. 결국 공사비 증액이 되는 것이다.

앞서 설명했듯 설계가 변경되는 경우에도 '공사비 인상 없음'이라는 약속이 무용지물이 될 수 있다. 특히 조합의 요구로 설계가 변경되면 시공사는 조합이 변동 원인을 제공한 것으로 보고 공사비 증액을 요구할 수 있다. 그래서 많은 건설사가 설계특화나 마감재 업그레이드 등을 제시하는 방식으로 공사비를 증액하도록 요구한다.

사실 재개발·재건축에서 공사비 증액은 아무래도 불가피한 경향이 있다. 건축심의와 사업시행인가시점에 정해놓은 공사비라도 5년에서 10년이 지나버리면 현실적으로 공사를 할 수 없는 가격이 되어버리기 때문이다.

🏢 불필요한 공사비 증액은 최대한 피하는 것이 좋다

현행 도시 및 주거환경정비법에 따르면 사업시행계획인가 전에 시공사를 선정했고, 공사비 증액 비율이 10%를 넘으면 한국부동산원에 공사비 검증을 요청할 수 있다. 공사비 증액 조정안이 나오면 조합 측은 총회를 통해 수용 여부를 결정할 수 있다. 하지만 이 경우에도 시공사와 조합의 입장이 첨예하게 갈릴 수 있다.

서울 강동구 둔촌주공 재건축 사업이 '공사비 증액' 때문에 갈등을 빚은 대표적인 사례다. 둔촌주공 조합과 시공단은 5,600억 원 규모의 공사비 증액을 놓고 갈등하면서 한국부동산원의 공사비 검증도 진행했지만, 조합이 검증 절차에 문제가 있다면서 조정안을 받아들이지 않았다. 여기에 조합은 조합대로 마감재 교체와 하청업체를 요구하고 시공단이 이를 거부하면서 갈등이 장기화되었다.

2022년 6월에는 '신반포3차·경남 통합 재건축 조합(반포 래미안 원베일리)'도 시공사인 삼성물산으로부터 공사비 증액 요청을 받았다.

2017년 12월 체결한 공사비는 총 1조 1,277억 원(3.3㎡당 530만 원)이었는데 커뮤니티 시설 추가, 마감재 고급화 등 조합의 요구사항을 반영하면서 1조 2,580억 원으로 공사비를 올려야 한다는 주장이다. 래미안 원베일리는 이미 일반분양을 했기 때문에 증액된 공사비는 고스란히 조합원들의 추가 분담금으로 충당해야 한다. 1인당 5,000만 원이 넘는 돈이다.

한국건설기술연구원에 따르면 2022년 4월 기준 공동주택 건설공사비지수는 145.16을 기록했다. 2021년 동기(128.65) 대비 12.83% 오른 것이다. 원자재 수급이 어려워지고 인건비가 계속 오르는 등 물가가 계속 오르고 있어서 공사비는 갈수록 더 오를 전망이다.

분양가 규제가 계속되는 상황에서 공사비마저 오르면 재개발·재건축의 사업성은 갈수록 떨어질 수밖에 없다. 여기에 공사비 증액 때문에 시공사와 마찰이 커지면 예상치 못한 사업지연을 겪을 수 있다.

금융비용을 생각하면, 웬만하면 최대한 빠르게 협상을 마치고 일반분양을 하는 것이 이득이다. 공사비 증액을 피할 수 없는 상황에서 사업지연으로 추가 비용까지 부담하는 상황은 피해야 하기 때문이다. 입주가 완료되어 매매로 시세차익을 실현하면 공사비 증액으로 인한 손해는 충분히 감내할 만하다.

그래도 불필요한 공사비 증액은 최대한 피하는 것이 좋다. 결국 꼼꼼한 자료조사가 필요하다. 처음 공사계약 때 공사비 증액 요소를 최대한 줄이고, 불가피한 공사비 증액 때는 비용을 최소화해야 한다. 공급단가를 정확하게 파악해놓으면 시공사가 어물쩍 공사비를 올리는 것을 방지할 수 있다.

특히 실시설계 단계에서 시간이 좀 더 들더라도 완벽을 기하는 것이 좋다. 착공 이후에는 웬만하면 설계변경을 피하는 것이 좋다. 공사비 증액의 빌미가 되기 때문이다.

최근 국토부는 '단품 슬라이딩 제도(건설공사에 쓰이는 특정 자재의 가격이 급등할 경우 발주자가 해당 자재·품목에 대해 공사비를 증액해주는 제도)' 도입을 검토하고 있다. 민간 발주자가 시공사로부터 공사비 조정 요청을 받은 경우 조정 금액의 적정성을 검토하는 데 도움이 될 수 있는 지침도 마련하기로 했다. 제도가 마련되면 불필요한 공사비 증액을 최대한 줄일 수 있을 것으로 기대된다.

아파트 공사가 끝났다고 재개발·재건축 사업이 마무리되는 것은 아니다. 입주와 청산 절차를 잘 매듭지어야만 비로소 끝이 난다. 시공과 관련한 하자치유, 세금환급업무, 재산권·소유권과 관련한 소송 등이 발생하면 준공 후에도 조합을 해산하지 못하게 된다. 정산을 위한 보류지 매각도 수익분배를 위해 꼭 필요하다. 특히 하자 대응을 제때 하지 못하면 새 아파트라는 매력이 크게 반감될 수 있다.

8장

성공한 사업은
마무리가 좋다

입주와 조합 해산

입주와 청산 절차,
사실상 사업의 마무리 단계

법의 통과로 조합 해산이 빨라진 점은 다행이지만, 그만큼 각종 문제를 빨리 처리해야 하는 상황이 되었다. 입주시기 전부터 하자 대응 준비와 청산 절차에 필요한 사항을 미리 알아두면 유리하다.

재개발·재건축 사업은 아파트가 모두 지어지고 나면 입주와 청산 절차에 돌입한다. 사실상 사업의 마무리 단계다. 하지만 방심은 금물이다. 입주 후에 각종 하자로 골머리를 앓거나, 청산 절차를 제대로 매듭짓지 못해서 속을 썩이는 곳도 많다.

입주시기가 되면 '내 집'을 실물로 확인하게 된다. 각종 옵션은 제대로 들어가 있는지, 생활에 불편함은 없을지 살펴보고 이사를 준비하는 시기다. 특히 하자를 제대로 확인하는 것이 중요하다. 하자를 정확하게 파악해야 보수요구와 보상을 제대로 받을 수 있다.

조합 청산과 해산 절차는 그동안 썼던 비용과 수익을 배분하는 중요한 과정이다. 무분별하게 사업비를 오남용한 조합이라면 막대한 청구서가 날아올 수 있다. 반면 알뜰하게 사업을 진행하고 일반분양 수익을 많이 올린 곳이라면, 기분 좋은 수익배분을 받을 수 있다.

간혹 조합의 청산과 해산이 지연되어서 손해를 보는 경우가 있다. 일부 조합에서는 의도적으로 해산을 지연하며 수억 원에 달하는 잔여 예산을 임원 급여와 과도한 퇴직금·성과금 등으로 사용하는 경우도 있다. 조합이 해산되지 않으면, 조합원들이 청산금을 돌려받지 못하고 재산권이 침해될 수 있다.

불가피한 사유로 조합 해산이 늦어질 수도 있다. 시공과 관련한 하자치유, 세금환급업무, 재산권·소유권과 관련한 소송 등의 추가적인 업무를 수행해야 하는 경우다. 기부채납을 두고 지자체와 소송을 벌이거나, 각종 부담금이 과하다며 처분취소 소송을 진행하기도 한다. 시공사를 상대로 소송을 걸기도 한다.

준공 후에도 이런저런 이유로 장시간 조합이 유지되는 경우가 많다. 지금까지 조합 해산에 대한 법적 근거가 없었기 때문이다. 2021년 말 기준 준공하고도 1년 이상 청산하지 않은 조합 수는 59곳에 달한다.

🏢 바로 알자, 조합 청산과 해산 절차

실제로 서울 마포구 아현4구역을 재개발해 2015년 입주한 '공덕자이'는 7년이 넘게 등기 절차를 마무리 짓지 못하고 있다. 현금청산자

서울 마포구 공덕자이는 조합 청산을 마무리 짓지 못해서, 준공 7년이 지났지만 아직까지 등기를 등록할 수 없다. 아파트를 다 짓고 입주를 마쳤더라도 조합 청산이라는 절차가 남아 있다. 남은 사업비와 수익금을 정산하고 조합을 해체하는 과정이다.

들과의 소송 및 협상 등의 문제로 인해 발목이 잡혀서 조합 청산을 하지 못했기 때문이다.

재개발 당시 강제로 현금청산을 당한 이들은 토지수용에 문제가 있었다면서 조합을 상대로 수용재결 무효소송을 진행했고, 2017년 말경 대법원판결이 나왔다. 당시 법원은 청산 절차를 무효로 판결하면서 보상금과 관련해서 양쪽이 합의할 것을 권고했다. 하지만 여전히 보상금과 관련해서는 양측 간 견해차가 크다.

이 때문에 입주 7년차인 이 아파트는 여전히 '분양권'으로 거래를 하고 있다. 가격도 주변 '마포 래미안 푸르지오' 등과 비교해서 현저히 낮다. 미등기 아파트는 건물을 직접 이용하는 데는 지장이 없지만 사고파는 거래 행위에 제약이 많다. 등기 절차가 진행되지 않은 일반분양 물량은 주택담보대출도 안 된다. 조합원이거나 조합원 물량을 갖고 있는 이들의 경우 몇천만 원의 추가분담금도 물어야 하는 처지다.

이러한 문제들로 인해 2022년 말부터는 모든 재개발·재건축 조합이 사업종료 후 1년 이내에 해산을 완료해야 하도록 법이 바뀌었다. 조합의 해산기간을 이전고시(등기) 후 1년으로 명시한 「도시 및 주거환경정비법(도시정비법)」 개정안이 2022년 5월 국회 본회의를 통과했다.

법의 통과로 조합 해산이 빨라진 점은 다행이지만, 그만큼 각종 문제를 빨리 처리해야 하는 상황이 되었다. 이 때문에 요즘에는 하자 문제나 청산 관련 문제를 개인이 아닌 공동으로 해결하는 사례가 늘어나고 있다. 전문 대행업체를 이용하기도 한다.

입주시기 전부터 하자 대응 준비와 청산 절차에 필요한 사항을 미리 알아두면 유리하다. 아는 만큼 돈이 되기 마련이다.

급전만 있다면
보류지가 최고의 선택지다

청산 과정에서 조합이 해야 할 가장 큰일은 보류지를 매각하는 것이다. 보류지는 수요자의 입장에서 상당히 매력적인 매물이다. 부동산 시장에서는 "급전만 있다면 보류지가 최고의 선택지"라는 말도 있다.

청산 과정에서 조합이 해야 할 가장 큰일은 보류지를 매각하는 것이다. '보류지'란 아파트를 일반분양할 때 사업 진행중 생길 수 있는 소송과 사업 자금 부족 등의 변수를 대비해 조합에서 미리 빼놓은 물량을 뜻한다. 보류지가 차지하는 비중은 총 세대의 약 1%가량으로 많지는 않다.

보류지는 수요자 입장에서 상당히 매력적인 매물이다. 매각 공고 시기의 주변 및 해당 아파트의 시세보다 저렴하게 나오는 데다 오래 기다릴 필요 없이 빠르게 입주가 가능하기 때문이다. 보류지 물량은 좋은 층과 호수로 사전 배정해놓는 경우가 많아 가격 대비 인기 있는 동호수를 낙찰받을 확률도 높다. 청약 통장이 필요 없어 만 19세 이상이면 누구나 입찰에 나설 수 있다는 이점도 지닌다.

부동산 시장에서는 "급전만 있다면 보류지가 최고의 선택지"라는 말도 있다. 정비조합의 보류지를 낙찰받을 경우 최저입찰가의 10%를 보증금으로 납부해야 한다. 낙찰받은 지 한 달 안에 낙찰가의 20~30%를, 나머지 잔금은 2~3개월 안에 모두 치러야 하기 때문에 아파트를 분양받는 것보다 자금 압박이 큰 편이다.

단, 조합이 욕심을 부릴 경우 보류지 매각 과정에서 잡음이 이는 경우도 있다. 조합에서 보류지 매각가를 높이며 시장과 기싸움을 벌일 때가 이에 해당한다.

경기도 과천 중앙동 '과천 푸르지오 써밋'은 보류지 최저입찰가를 실거래가보다도 높게 책정했다. 보류지를 시세보다 지나치게 싸게 팔 경우 오히려 기존 가구의 호가에 안 좋은 영향을 미칠 수 있다는 기존 조합원들의 불만이 이유였던 것으로 풀이된다.

보류지 매각가를 시장 기대에 비해 너무 높게 책정해서 매각이 계속 미루어지는 경우도 있다. 서울 강남구 '디에이치 반포 라클라스(삼호가든3차 재건축)'는 2021년 10월 5개의 보류지 매각 절차를 진행했지만 모두 유찰되었다. 고속버스터미널역과 사평역, 반포IC가 가까운 핵심입지가 무색했다. 이 단지는 2개월 뒤 다시 보류지 입찰을 했는데, 1개 아파트만 주인을 찾았다.

2차례의 입찰에도 유찰이 발생한 것은 조합 측이 최저입찰가를 낮추지 않고 재매각을 강행해서다. 조합이 내건 최저입찰가는 '전용 59㎡

27억 원, 전용 84m² 33억 원'으로 당시 해당 아파트의 시세와 차이가 없었다.

이외에 서울 강동구 '고덕 롯데캐슬 베네루체'는 보류지가 다 안 팔리면서 7차례가 넘게 입찰을 진행했다. 5차까지 최저입찰가를 높게 고수하다가, 결국 6차부터 가격을 낮췄다.

사실상 조합 입장에서는 사업비 부담이 사라졌다면 보류지 매각을 크게 서두를 필요가 없다. 주택도시보증공사(HUG)의 분양보증을 받기 위해 분양가를 제한받는 일반분양과 달리, 보류지 매각은 조합들이 매각 시기와 가격을 원하는 대로 책정할 수 있다.

보류지에 주목하자

실제로 보류지 유찰에도 불구하고 가격을 더 올린 조합도 있다. 2020년 말 입주한 서울 서초구 '래미안 리더스원(서초 우성1차 재건축)'의 전용면적 114m²짜리 보류지 매물은 3차례나 유찰되었다. 하지만 조합은 재입찰을 할 때마다 최저입찰가를 올렸다. 2021년 2월 처음 보류지 매각 때 32억 원이던 최저입찰가를 2022년 5월 10일에는 38억 원으로 올렸다.

하지만 보류지 매각이 차일피일 미루어지면 조합 청산이 불가하다는 점은 인지해야 한다. 조합 청산 전까지는 조합에서 집행부 운영비와 구성원에 대한 월급을 지급해야 하기 때문이다. 가격 몇천만 원 더 받고 보류지를 팔아도 그동안 운영비와 조합 임원 월급이 더 나가면 오히려 손해를 볼 수 있다.

청약가점이 낮은 일반분양자라면 보류지 입찰도 꽤 좋은 내 집 마련 수단이 될 수 있다. 서울과 수도권 대부분 단지는 현재 전매제한이 된 곳이 많다. 시세대로 집을 사고 싶어도 갓 입주한 신축아파트를 구하려면 전매 요건을 갖춘 매물을 찾아야 한다. 이런 매물은 희소성이 커서 가격이 비싸다. 보류지의 경우 시세보다 약간 저렴한 수준에서 집을 살 수 있어 이런 수고를 하지 않아도 된다.

하지만 보류지의 경우 낙찰 후 6개월 안에 대출 없이 잔금까지 모두 치러야 한다는 단점이 있다. 다만 2022년 하반기 들어 시세 수준을 고수하던 단지들도 보류지 가격을 낮추기 시작했다. 부동산 하락기에 좋은 매물을 시세보다 저렴한 가격에 선점하면, 나중의 부동산 상승기와 회복기에 다른 사람보다 더 많은 이익을 남길 수 있다.

입주 후 하자,
단체 대응으로 제대로 보상받자

건설산업기본법에 따라 아파트 중대 구조물에 발생한 하자는 시공사가 10년간 하자담보책임을 가진다. 정당한 권리를 포기하지 말고, 하자를 꼼꼼하게 점검해서 재산권을 지킬 필요가 있다.

입주자들은 입주기간 전에 사전방문을 해서 시공 상태와 하자 등을 살펴볼 수 있다. 입주예정자의 사전방문 시 지적된 하자는 사업자가 입주 전까지 보수해야 한다.

하자가 발생하면 입주민 입장에서는 속이 터질 수밖에 없다. 적지 않은 돈을 투자해서 상품을 샀는데 결함이 있는 것이다. 그렇다고 대놓고 하자에 대한 문제를 제기하자니 집값에 영향을 줄까봐 불만을 삭이는 경우도 많다. 그러다가 정작 하자보수기간을 넘겨버리면 불편한 결함을 떠안고 살거나 수리비를 별도로 들여서 수리를 해야 하는 상황이 생길 수 있다.

2019년 입주를 시작한 서울의 한 아파트는 입주민이 양치를 하던 도중 욕실 타일이 갑자기 부서져 내리는 일이 발생했다. 타일이 무너지기 며칠 전부터 욕실 문틀이 틀어져 문이 제대로 안 닫히더니, 사고 당일에는 천장에서 '끽' 하는 뒤틀리는 소리가 나면서 '쾅' 하고 터졌다고 한다.

이에 시공사 관계자는 단순 타일 불량이라는 변명과 함께 보수를 약속했다. 그러나 별도의 보상은 제시하지 않았다고 한다.

2021년 1월 24일부터는 광역지자체별로, 관련 분야 전문가들로 구성된 품질점검단이 무료로 하자 점검을 해주고 있다. 300가구 이상의 공동주택이 대상이다. 품질점검단은 입주자 모집공고 등의 서류검토 및 현장조사를 거쳐 시공품질을 점검하게 된다.

품질점검단이 점검한 결과에 따라 시장, 군수, 구청장은 사업주체의 의견을 검토해 하자에 해당한다고 판단하는 때에는 사업주체에게 보수와 보강 등의 조치를 명령할 수 있다. 사업주체는 입주예정자가 공사 상태를 점검한 결과 하자가 있다고 판단한 사항에 대해 보수공사 등 필요한 조치를 해야 한다. 전유 부분의 하자는 입주예정자에게 해당 주택을 인도하기 전까지, 공용 부분 하자는 사용검사를 받기 전까지 보수 등의 조치를 마쳐야 한다.

300가구 미만인 단지거나 조금 더 정밀한 하자 검사를 하려면 사전점검 전문업체를 이용하는 방법도 있다. 하자 검사 전문업체는 설비나 시공, 품질과 관련해 전문 인력을 갖추고 있어 분야별로 세밀한 점검이 가능하다. 필요하면 하자 관련 소송 업무도 대행해준다. 법률대리인 자격을 갖춘 인력이 있는 감리업체가 좋다. 하자로 인정되지 않는 라돈 등 환경물질처리까지 대행해주는 업체도 있다. 정확하고 구체적인 체크리스트를 갖춘 업체면 금상첨화다.

하자 검사 전문업체와 계약할 때는 개인보다는 입주자대표회의 등을 통해 단체로 계약하는 것도 좋은 방법이다. 개인이 아닌 단체로 하자 점검을 하면 개개인의 비용도 절감되고, 시공사와 불필요한 마찰도 줄일 수 있다.

🏢 단체로 하자 점검을 하는 것이 유리

2018년 6월 입주한 서울 서초구 '아크로리버뷰신반포(신반포5차)'는 입주 후 하자 문제로 한동안 많은 논란을 겪었다. 당시 공개된 하자를 보면, 지하주차장 바닥과 옥상의 균열, 천장 누수, 세대 내 창틀 뒤틀림, 바닥 수평불량, 세대 내 결로 현상, 화장실 부실시공 등이 있었다. 구조의 문제에서 발생하는 층간소음 문제나 외벽 페인트 시공 미흡 등 하자로 인정되지 않는 문제도 제기되었다. 입주 당시 전용 84m² 기준 25억 원이 넘는 가격이 무색할 정도다.

이에 입주민들은 '하자 자문단'을 만들어서 시공사를 대상으로 공동대응에 나섰다. 결국 하자 문제에 미온적이던 시공사도 계속된 주민의 항의와 언론 보도에 하자보수를 수행했다. 여기에 이례적으로

서울 서초구 아크로리버뷰신반포는 주민들이 하자에 공동대응하면서 시공사로부터 무상보수와 함께 각종 시설을 무상으로 더 좋은 상품으로 바꾸는 약속까지 받아냈다.

외벽 및 각층 공동현관 대리석 마감재, 조경, 피트니스 시설도 무상 업그레이드를 해줬다.

이처럼 주민들이 집값 하락을 걱정하지 않고 집단으로 대응하면 하자보수도 깔끔하게 된다. 뿐만 아니라 오히려 하자를 완벽히 수리했다는 명성으로 집값을 높일 수도 있다.

「건설산업기본법」에 따라 아파트 중대 구조물에 발생한 하자는 시공사가 10년간 하자담보책임을 가진다. 정당한 권리를 포기하지 말고, 하자를 꼼꼼하게 점검해서 재산권을 지킬 필요가 있다.

최대의 적인 '사업지연', 금융비용보다 무서운 건 없다

한국은행이 지속적으로 금리를 인상했던 2010년 3·4분기부터 2011년 2·4분기까지와 금리를 유지했던 2012년 상반기까지 서울을 중심으로 한 수도권 주택부동산 가격은 지속적으로 하향 조정되는 모습을 보였다.

'사업지연'은 재개발·재건축 사업을 진행하면서 가장 경계해야 할 부분임을 명심해야 한다. 재개발·재건축은 토지를 담보로 거의 모든 사업비를 대출해서 진행한다. 그러므로 사업이 지연되면 아무것도 하지 않고도 막대한 이자가 지출된다. 이런 금융비용은 결국 조합원의 분담금으로 돌아온다.

특히 이주 이후 사업지연은 조합원들에게 치명적이다. 이 시기에는 사업비 대출에 대한 금융비용뿐 아니라 이주비 대출에 대한 이자도 발생한다. 전세를 구해서 이주한 경우 전셋값이 오르게 되면 부담이 더 커진다. 말 그대로 길거리에 나앉아야 하는 웃지 못할 상황이 벌어질 수 있다.

실제로 재개발·재건축 사업의 전체 사업비에서 차지하는 금융비용 비중은 8% 수준이다. 8%라는 비중은 결코 만만치 않은 금액이다. 감정평가액을 기준으로 하면 40~60%에 달하는 엄청나게 큰 금액이다. 토지와 건물이 가지고 있는 가치의 절반 정도를 금융비용으로 쓰는 셈이다.

사업이 지연되면 기타사업비 지출도 당연히 늘어난다. 기타사업비는 토지비와 공사비를 제외한 각종 사업절차 처리에 필요한 비용을 말한다. 모두 다 대출금에서 지출되는 항목들이다. 기타사업비가 늘어난다는 것은 거기에 상응하는 금융비용도 덩달아 늘어난다는 것을 의미한다.

실제로 시공사와 조합의 공사비 증액 갈등으로 공사 중단 사태를 맞은 둔촌주공은 막대한 비용을 감수해야 할 어려운 상황에 처했다. 2022년 4월 15일 공사가 중단된 이후 타워크레인, 호이스트 등 장비 대여료와 유치권 관리 용역비, 직원, 가설전기 등에만 월 150억~200억 원의 비용을 썼다.

만약 NH농협은행 등으로 구성된 대주단이 사업비 대출 연장을 해주지 않으면 조합원은 1인당 1억 원의 상환부담을 지게 된다. 마감재 교체와 공사비 증액이라는 갈등요소 때문에 추가적인 피해를 입고 있는 셈이다.

일반분양가를 높이기 위해서 사업을 늦추는 것도 금융비용 측면에서는 좋은 방법이 아니다. 둔촌주공의 경우에는 2020년 7월 주택도시

보증공사(HUG)로부터 3.3m²당 2,978만 원의 분양가로 분양보증을 받았다. 하지만 둔촌주공 조합원들은 분양가를 최소 3.3m²당 3,600만 원 선에서 결정해야 한다면서 이를 거부했다. 일반분양을 추진하려 했던 조합장과 임원도 교체했다. 분양가상한제의 적용을 받겠다는 것을 자청했다.

📑 금융비용은 무시할 수 없는 문제

둔촌주공은 택지비 감정평가를 받은 결과, 분양가상한제 적용 후에도 3.3m²당 3,300만~3,400만 원 정도에 불과할 것이란 예측이 나왔다. 분양가가 다소 올라간 것은 사실이지만 2년여 시간 동안 발생한 금융비용을 감안하면 이익을 봤다고 하기는 어렵다.

이처럼 금융비용은 재개발·재건축에서 무시할 수 없는 문제다. 더욱이 최근에는 금리마저 오르는 모양새다. 전 세계적으로 물가 인플레이션이 일어나면서 미국의 연방준비은행이 2022년 5월과 6월 큰 폭으로 금리를 인상하는 '빅스텝(0.5%p 인상)'을 밟았다. 이후에도 계속 금리를 인상하는 추세다. 이에 따라 우리나라의 한국은행도 사상 첫 '빅스텝'을 했다. 금리가 가파르게 오르면 이자부담도 빠르게 커질 수밖에 없다.

금융비용 부담이 커지면서 분담금 납부시기를 늦춰주는 시공사도 늘고 있다. 시공사가 먼저 비용을 부담하고 조합원들이 입주 시나 입주 1~2년 후 분담금을 낼 수 있도록 납부시기를 유예해주는 것이다. 은행권 대신 사업비를 저금리에 빌려주는 시공사도 있다. 하지만 이런 경우가 되면 조합이 시공사에 끌려다니는 상황이 연출될 수 있다는 단점이 있다.

금융비용을 줄이기 위해서는 사업의 주인이자 모든 부담을 나눠 짊어져야 하는 조합원 개개인의 노력이 중요하다. 불필요한 계획 변경과 갈등 요인을 미리 차단하고 계획수립부터 착공에서 입주까지 철저한 계산이 필요하다.

금리가 높아지는 것은 큰 부담이지만, 집값을 하향 안정시킨다는 점에서는 무주택자에게 기회가 될 수 있다. 비정상이라고 불릴 정도로 급등했던 주택부동산 가격이 하향 조정될 수 있기 때문이다. 이 경우 실제 매물의 가격이 내려가기 때문에 이율이 높아지더라도 부담 금액은 큰 차이가 없거나 오히려 줄어들 수 있다. 무주택자가 주택을 구매하기 좋은 기회란 소리다.

실제로 한국은행이 지속적으로 금리를 인상했던 2010년 3·4분기부터 2011년 2·4분기까지와 금리를 유지했던 2012년 상반기까지 서울을 중심으로 한 수도권 주택부동산 가격은 지속적으로 하향 조정되는 모습을 보였다.

한국감정원에 따르면, 이 기간 동안에 종합주택거래량은 큰 폭으로 상승하면서 주택구매에 나선 수요자가 많은 것을 확인할 수 있다. 특히 재개발· 재건축 단지는 투자가치가 더욱 높다. 아무래도 건물이 노후화되었기 때문에 신축아파트보다는 저렴하게 주택을 살 수 있기 때문이다.

나의 관심이 좋은 새집을 만든다

이 책은 재개발·재건축을 진행단계별로 살펴본다. 그리고 단계별로 겪을 수 있는 각종 리스크를 실제 사례를 통해 살펴본다. 한마디로 재개발·재건축을 위한 '오답노트'다.

재개발·재건축은 오래된 집과 도로를 허물고 새집을 마련하는 과정이다. "두껍아, 두껍아 헌 집 줄게, 새집 다오"라는 옛 노래의 현대버전이다.

모든 생명은 '보금자리'가 필요하다. 보금자리는 외부와 분리된 나만의 공간이다. 사람도 집이라는 보금자리에서 휴식을 취하고 자식을 기른다. 그래서 동굴에서 움막으로, 나무집으로, 벽돌집으로, 시멘트로 지어진 고층아파트로 그 형태는 바뀌었지만 그 본질은 변하지 않았다. 그래서 보금자리를 만들고 부수고 고치는 행위에는 '인간의 삶'

이 오롯이 녹아 있을 수밖에 없다.

요즘 보금자리는 옛날과 큰 차이가 하나 있다. 인구가 도시로 쏠리면서 아파트라는 거주형태가 나타난 것이다. 아파트는 어쩔 수 없이 '타자'와 일정 공간을 공유해야 한다. 그래서 '반상회'나 '입주민회의' 같은 모임도 생겼고, '커뮤니티 시설' 등 공용공간도 만들어졌다. 더불어 '층간소음' 같은 문제도 떠안게 되었다.

흔히 "부동산은 불패"라는 말을 한다. 필자도 이에 크게 동감한다. 부동산은 양적으로 늘리는 데 한계가 있는 재화이기 때문이다.

돈이나 주식 등 모든 재화는 양적으로 쉽게 늘어난다. 모든 가치는 양이 늘어나면 그 가치가 내려간다. 조폐공사에서 돈을 찍어내거나 한국은행에서 금리를 낮추면 시중에 도는 돈이 늘어난다. 주식도 증자를 통해 늘어날 수 있다. 각종 물건은 생산량을 늘릴 수 있다.

하지만 땅으로 대표되는 부동산은 쉽게 늘릴 수 없다. 딱 2가지 방법뿐이다. 바다를 메우는 간척사업을 하거나 땅 위에 건물을 지어서 수직으로 높여서 '연면적'을 늘리는 것이다. 양적 확대에 한계가 있기 때문에 땅은 언제나 희소하다. 특히 수요자가 많고 건물이 꽉 들어찬 서울과 수도권은 '장기 우상향'할 수밖에 없다.

재개발·재건축은 기존의 건물을 부수고 수직으로 건물을 더 높게 짓는 사업이다. '빈 땅'이 부족한 도시에서는 새집을 지을 땅을 찾기가 어렵다. 이런 면에서 재개발·재건축은 빼곡히 들어찬 서울과 수도권에서 부동산을 양적으로 늘리는 가장 좋은 수단이다. '일반분양'은 새로 지은 건물의 일부를 외부인에게 팔아서 부족한 사업비를 충당하는 방법이다.

필자가 건설부동산부 기자로서 재개발·재건축 분야를 취재하면서 내린 결론은 재개발·재건축의 성패는 '소통과 관심'에 달렸다는 것이다.

아파트에는 대개 수백 명에서 많게는 수천 명, 수만 명이 살게 된다. 집주인만 그 정도라는 말이다. 여기에 아파트를 짓기 위해 투입되는 업체와 인력, 금융 관계까지 수많은 사람들이 관여하게 된다.

수많은 사람들이 관여하는 재개발·재건축에서 손해를 보지 않으려면 남보다 더 많은 '관심'을 기울여야 한다. 집을 짓는 집주인이 자신의 재산에 관심이 없다면 극소수의 사람들이 자기의 성향이나 이기심에 따라 행동하게 된다. 그러면 결국 배가 산으로 갈 수밖에 없다.

그런데 생각보다 많은 재개발·재건축 투자자들이 세부적인 일에 관심이 없다. 때론 다른 사람이 하는 말을 한 치의 의심도 없이 믿어버리곤 한다. 아무리 작은 사업이라도 수백억에서 수천억 원의 비용이 들어가고, 이 비용은 자신의 호주머니에서 나가는데도 말이다.

관심만 있고 '소통'이 없으면 이 역시 문제다. 사람은 자기가 듣고 판단하고 믿는 것을 그대로 유지하려는 경향이 있다. 독심술讀心術이 있지도 않은데 남의 생각을 쉽게 재단하기도 한다. 이렇게 만들어진 불신은 갈등을 낳고, 불필요한 비용과 감정을 소비하게 한다.

재개발·재건축에 투자했다면 전문가의 말에 귀를 기울이고 수시로 더 나은 방향에 대해 토론할 준비가 되어 있어야 한다. 때로는 나의 생각과 다르더라도 다른 의견을 경청하고 의심이 생겼을 때 꼼꼼히 따져 물어야 한다.

결론은, 새집은 노래가사처럼 두꺼비가 주는 것이 아니라 집주인의 관심이 만든다는 것이다. 이 책을 통해 재개발·재건축에 제대로 관심을 갖는 방법과 꼼꼼히 따져 묻는 방법을 찾길 바란다.

돈 되는 재개발·재건축 지역

이 책에서 가장 핵심적으로 이야기하고자 했던 것은 결국 각 개개인의 '관심'과 '감시'다. 재개발·재건축이라는 거대한 사업의 성공은 소수의 전문가나 조합 임원이 이루어내는 것이 아니다. 1군 건설사 등 시공사가 만들어주는 것은 더더욱 아니다. 결국 많은 관심을 보이고 감시를 제대로 하는 조합원이 얼마나 많이 있느냐가 재개발·재건축의 성공 여부를 결정한다.

재개발·재건축은 변수가 많기 때문에 어느 지역이 무조건 좋다고 말할 순 없다. 또한 투자자의 투자여력에 따라 투자할 수 있는 가격대도 달라서 콕 집어서 투자처를 제시하는 것도 어렵다.

그래서 이 부록에서는 투자여력이나 현재 추진 상황에 상관없이 미래가치 측면에서 몇 개의 지역을 꼽아서 미래가치가 왜 높은지 정도만 분석하고자 한다.

🏙️ 돈 되는 재개발 지역

재개발 지역은 서울과 수도권의 특성이 다르다. 서울의 경우 기존 도심에서 벗어난 강북의 미개발지역이 주로 재개발 대상이다. 인천이나 경기도의 경우 도시형성 당시에는 중심지였다가 주변의 택지개발이나 신도시개발로 낙후된 '구도심'에서 재개발이 이루어지는 경우가 많다.

서울에서는 뉴타운으로 지정된 곳들이 재개발의 중심축을 이룬다. 대표적으로는 한남뉴타운, 아현뉴타운, 북아현뉴타운, 거여·마천뉴타운, 노량진뉴타운, 흑석뉴타운, 이문·휘경뉴타운, 장위뉴타운 등이 있다. 이외에 성수동 일대나 중구 일대도 주목할 만한 단지가 많다.

뉴타운에 속한 지역의 최대 장점은 대규모 개발이 이루어져서 동반 상승효과가 크다는 데 있다. 재개발 지역은 아무래도 교통망이나 교육환경 등이 다른 지역에 비해 처질 수밖에 없다. 하지만 최소 수천 가구에서 많게는 수만 가구가 들어서는 뉴타운 사업이 추진되면, 추가적인 교통망이나 교육시설을 설치할 때 예산배정에 유리한 점이 많다. 기존에 교통망을 갖추고 있던 지역이라면 더욱 투자가치가 크다.

재개발 지역 중 가장 큰 관심을 받는 곳 중 하나인 서울 동작구 노량진뉴타운을 살펴보자. 노량진은 원래 수산시장과 고시원이 떠오르는 낙후지역이다. 하지만 입지만 보면 북쪽으로는 1호선·9호선이 환승하는 노량진역이 있고, 남쪽으로는 7호선 장승배기역이 있다. 강남과 강북의 주요 업무지구로 통하는 노선들이다. 이 상황에서 8개 구역 약 8,100가구의 노량진뉴타운 개발이 완료되면 노량진 일대는 강남에 버금가는 주요 지역으로 떠오를 것이 자명하다.

서울 용산구 한남뉴타운도 재개발이 완료되면 그야말로 상전벽해桑田碧海가 될 지역이다. 한남뉴타운 일대는 경사가 심한 구릉지다. 주거 편의성이 떨어지는 낡은 주택가가 가득하다. 하지만 바로 동쪽만 보더라도 우리나라의 대표적인 부촌으로 꼽히는 유엔빌리지와 한남더힐, 나인원한남 등이 있다. 개발이 완료되면 가치상승이 보장된 곳이라고 할 수 있다.

장위뉴타운은 뉴타운 사업으로 지역의 가치가 완전히 달라진 대표적인 곳이다. 장위동은 1970~1980년대에는 서울의 부촌으로 꼽히기도 했지만, 2000년대 이후 강남 이주가 본격화되면서 대표적인 다세대주택 밀집지가 되었다. 또한 지대가 높아서 지하철 노선도 놓기가 어려웠다. 하지만 2006년 장위뉴타운으로 지정된 후 여러 풍파를 거쳐서 현재는 3분의 1 정도 사업을 완료했고, 나머지 구역도 사업에 속도를 내고 있다.

장위뉴타운이 본격화하면서 폐기된 3기 지하철 계획 중 하나였던 서울 지하철 12호선의 구간을 변형한 동북선(경전철)도 다시 힘을 입었다. 이로써 장위뉴타운은 남쪽에는 6호선, 북쪽에는 동북선이 지나는 교통요지가 되었다.

뉴타운은 아니지만 성수동 일대 전략정비구역 4개 지구도 미래가치가 크다. 오세훈 서울시장의 한강변 대규모 개발 프로젝트인 '한강르네상스'의 대표지역 중 하나다. 이미 성수동 서쪽은 트리마제, 갤러리아포레, 아크로서울포레스트 등 비싼 아파트가 즐비하다. 여기에 층수제한까지 풀리면 성수동 전략정비구역이 날아오르는 것은 시간문제다.

중랑구 면목동 일대는 특히 투자가치가 높다. 면목동은 서울에서도 외곽으로 인식되는 중랑구에 위치한 데다 좁은 골목길에 노후 다세대·다가구주택이 빽빽하게 들어서 있어 환경이 좋지 않다. 이 때문에 그간 집값도 서울 내에서 가장 저렴한 편에 속했다.

하지만 교통만 살펴보면 면목동만 한 곳도 드물다. 7호선 면목역을 이용하면 강남 일대까지 20분대에 이동할 수 있다. 여기에 2030년이 되면 신내에서 청량리를 잇는 면목선도 개통한다. 광화문까지 30분대 접근이 가능하다. 동부간선도로도 가까워서 차량을 이용해 다른 지역으로 이동하는 것도 편하다.

2022년 초에는 면목동 69-14 일대가 오세훈표 신속통합기획 1차 후보지로 선정되기도 했다. 사업면적이 5만 8,540m²로, 향후 아파트 1,400여 가구가 들어설 전망이다. 이외에 가로주택정비사업과 모아타운 사업도 진행되면서 일대 개발 기대감이 높다.

수도권에서는 성남 구도심(중원구·수정구) 일대의 성남뉴타운을 주목할 만하다. 이 지역은 1970~1980년대에 지어진 다세대주택이 밀집해 있다. 성남 하면 판교나 분당을 떠올리기 마련이지만, 강남 접근성만 놓고 보면 떨어지는 것이 없는 지역이다. 19개 구역에 이르는 재개발·재건축이 완료되면, 주요 주거지로 부상할 수 있는 곳이다.

🏢 돈 되는 재건축 지역

재건축 단지는 투자성이 재개발에 비해 좀 더 명확하다. 기존 거주민의 대지지분이 주택형별로 동일해서 개발비용과 수익성 분석이 쉽다. 안전진단 정도를 제외하면 사업의 큰 걸림돌도 없다. 입지도 이미 교통과 인프라가 갖추어진 곳이 많아서 큰 변동이 없다.

군이 기준을 세우자면, 기존 용적률과 재건축 후 용적률 사이의 폭이 큰 곳이 좋다. 용적률에 여유가 크면 그만큼 일반분양을 많이 할 수 있어서 분담금 부담이 줄어든다. 특히 1970년대에서 1990년대 사이에 지어진 저층 주공아파트는 투자가치가 크다.

투자할 지역을 정하고도 구체적으로 어느 단지를 투자할지 고민이 되는 경우가 있다. 서울 내 아파트 밀집지역이나 수도권 1기 신도시처럼 재건축 단지가 몰려 있는 경우다. 서울만 봐도 노후 아파트가 많은 노원구, 도봉구, 양천구, 송파구 등이 이웃 아파트 간 건립연도가 비슷하다. 노태우 정부 당시 100만 호 공급계획에 따라 만들어진 1기 신도시는 말할 것도 없다.

실제로 서울에서 재건축을 시작할 수 있는 연한인 준공 30년을 넘어선 단지는 2019년 기준 29만 3,000여 가구다. 인천·경기 등 수도권까지 범위를 확대하면 51만 가구가 넘는다. 특히 경기도에 위치한 1기 신도시 30만 가구는 재건축 연한에 차례로 진입하고 있다.

이들 뒤에 더 많은 아파트가 재건축을 기다리고 있다. 준공 15~30년 된 단지만 해도 서울 84만 5,000가구, 인천·경기가 172만 가구다. 이들까지 합치면 현재 재건축을 염두에 두고 있는 단지는 300만 가구가 넘는다.

문제는 이런 노후 단지들이 특정 지역에 몰려 있다는 것이다. 서울만 해도 준공 후 30년 된 단지 29만 3,000여 가구 중 3분의 1에 달하는 8만 9,848가구가 노원구에 몰려 있다. 그 뒤를 잇는 강남구에는 5만 4,240가구가 준공 30년이 넘었다. 지역 내 아파트의 약 56%가 준공 30년을 넘긴 도봉구와 14개 단지에 이르는 목동 아파트가 있는 양천구도 사정이 비슷하다.

결국 관건은 어디부터 인허가가 이루어질지다. 물론 조합의 역량으로 인허가 과정을 빨리 처리하는 곳이 가장 유리하다. 하지만 만약 이런 일련의 과정이 비슷한 시기에 비슷한 속도로 진행된다면 인허가권자의 의중과 판단이 중요해진다. 특히 각 시·군·구청뿐 아니라 광역

지자체와 정부의 판단이 중요하다.

정부나 광역지자체장 입장에서는 집값을 최대한 자극하지 않는 곳부터 인허가를 내줄 가능성이 크다. 재건축이 진행되면 집값이 뛰는 것은 불가피하지만, 주변에 이주수요를 받을 전세공급이 충분히 많은 곳이 타격을 적게 받는다. 특히 이미 신축아파트가 많이 들어선 곳이 유리하다. 전세시장이 안정되어 있는 데다, 주변 신축아파트와의 형평성 차원에서 재건축을 승인해준다는 명분도 가질 수 있어서다.

수도권에서는 과천이나 광명, 성남, 의정부, 안산 등이 이런 조건을 잘 갖추고 있다. 주변에 이미 완성된 아파트가 많고, 신도시도 가깝다. 인구가 신도시와 신축아파트로 빠져나가 주변에 비해 가격도 저렴하다.

물론 미래가치만 놓고 보면 강남권 일대, 특히 압구정 현대 등을 따라갈 수가 없다. 용산구 이촌동도 대표적인 재건축 단지다. 하지만 투자여력과 수익률을 생각한다면 경기도나 인천의 주요 지역을 잘 살펴볼 필요가 있다.

경기도 광명시 철산동과 하안동 일대 주공아파트에 추진중인 재건축 사업은 투자가치가 높다. 실투자금이 서울에 비해 훨씬 저렴한 데 비해 앞으로 발전가능성은 매우 크다. 서울과 딱 붙은 지역인 데다 3기 신도시 등 인근 지역에 개발 호재가 계속 이어지고 있어서다. 그만큼 집값 상승여력도 충분하다.

서울과 접근성이 좋다는 것이 가장 큰 장점이다. 다리 하나만 건너면 서울 구로구 가산디지털단지다. 서울 구로디지털단지와 온수일반 산업단지도 가깝다. 그만큼 일자리가 풍부하다.

교통망도 우수하다. 현재 7호선을 통해 서울 강남 일대와 경기도 부천시, 인천 부평까지 환승 없이 갈 수 있다. 앞으로는 제2경인선과 광명시흥선 등이 연결되면 교통이 더 좋아진다.

재개발·재건축 핵심 용어

ㄱ

감정평가: '지가공시 및 토지 등의 평가에 관한 법률'에 의하면 토지 등의
경제적 가치를 판정해서 그 결과를 가액으로 표시하는 것을 말한다. 즉
감정평가란 동산이나 부동산의 소유권의 경제적 가치 또는 소유권 이
외의 권리, 임료 등의 경제적 가치 등을 통화단위로 표시하는 것을 일컫
는다.

갭(Gap)투자: 시세차익을 목적으로 주택의 매매 가격과 전세금 간의 차액
이 적은 집을 전세를 끼고 매입하는 투자 방식.

건축심의: 일정 규모 이상의 건물을 지을 때 인·허가에 앞서 도시미관 향
상, 공공성 확보 등을 따져보는 것.

건폐율: 대지 면적에서 건축물의 바닥 면적이 차지하는 비율.

공급면적: 현관문 안쪽의 거실, 침실, 화장실 등 전용면적뿐만 아니라 주거 공용면적에 해당하는 계단, 복도, 엘리베이터 등까지 포함한 면적을 말한다.

공동시행 방식: 공동시행 방식은 조합과 건설사가 함께 시행자가 되는 방법이다. 건설사가 공사비를 받고 단순 공사만 수행하는 도급제와 달리, 사업비를 건설사가 같이 부담하고 수익을 나눠 갖는 구조다.

공유지분: 공유란 여러 명(공유자)이 한 단위 수량의 토지소유권을 공유하는 것으로, 공유지분이란 그 공유토지 중 차지할 수 있는 부분의 양을 말한다. 아파트 단지의 구분소유권자는 대지의 공유지분을 소유한다.

관리처분인가: 재개발·재건축의 사업시행인가 후 구건물을 철거하고 조합에 본인의 토지지분을 현물출자해 입주권을 받게 되는 시점. 권리산정 기준일이기도 하다.

교육환경영향평가: 재개발·재건축 등 정비사업이 학생 수, 학교 환경, 안전 등 교육환경 전반에 미치는 영향을 평가하는 심의제도다. 각 광역자치단체의 교육청에서 진행한다. 사업지로부터 반경 200m 이내에 학교가 있으면 교육환경영향평가를 의무적으로 받아야 한다.

국공유지 양여: 재개발·재건축이 진행되는 부지 내 국유지나 공유지를 무상으로 넘겨받거나 사들이는 절차.

권리가액: 조합원이 재개발·재건축 사업을 진행할 때 본인이 제공한 종전 부동산의 평가금액. 종전자산평가를 통해 매겨진 토지와 건물의 가격에 비례율을 곱해서 산출한다.

권리산정기준일: 재개발이나 재건축 사업에 있어서 어느 시점을 기준으로 주택을 분양받을 권리가 있는지, 받으면 몇 채를 받을지를 정하는 기준이 되는 날을 말한다. 권리산정기준일 이후에 '지분 쪼개기'를 한 주택의 소유자는 입주권을 받지 못한다. 통상 정비구역 지정고시일이 권리산정기준일이 된다.

기부채납: 개인 또는 기업이 부동산을 비롯한 재산의 소유권을 무상으로 국가 또는 지방자치단체에 이전하는 행위.

ㄴ

노후도: 해당 지역에서 지은 지 20년이 넘은 건물의 비율.

뉴타운: 합리적인 도시기능을 수행할 수 있는 신도시 건설정책.

ㄷ

단품 슬라이딩 제도: 건설공사에 쓰이는 특정 자재의 가격이 급등할 경우 발주자가 해당 자재·품목에 대해 공사비를 증액해주는 제도.

대지권(대지지분): 전체 단지의 면적을 단지 전체 가구 수로 나누어 등기부 등본에 표기되는 면적.

대체주택: 국내에 1주택을 소유한 가구가 해당 집이 재건축이나 재개발을 하는 동안 거주하는 다른 주택.

도시주거환경정비기본계획: 도시주거환경정비계획의 상위계획으로 유형별 정비구역 지정대상과 정비방향을 설정하고 정비기반시설 기준, 개발밀도 기준, 정비방법 등 정비사업의 기본원칙과 개발지침을 제시한다.

ㅁ

무상지분율: 조합원이 추가 비용을 내지 않고 입주할 수 있는 평형을 대지지분 기준으로 나눈 비율을 말한다.

ㅂ

보유세: 토지·주택 등을 보유한 사람이 내는 세금으로 재산세와 종합부동산세를 총칭한다. 세무당국이 정하는 보유세 과세표준은 공시가격의 $60 \pm 20\%$ 수준으로 결정된다.

비례율: 재개발·재건축 사업으로 분양하는 아파트와 상가의 총 분양가액에서 총 사업비용을 뺀 금액을 조합원들이 보유한 종전자산의 총 평가액으로 나눈 금액. 통상적으로 재개발·재건축 사업의 사업성을 평가할 때 쓰인다.

서비스면적: 아파트를 분양할 때 주택사업자가 제공하는 면적으로, 외부와 접하는 앞뒤 발코니처럼 덧붙여주는 면적.

수용재결: 협의불능 또는 협의가 성립되지 않은 때에 관할 토지수용위원회에 의해 보상금의 지급 또는 공탁을 조건으로 하는 수용의 효과를 완성해주는 형성적 행정행위. 사업시행자가 신청하는 수용의 종국적 절차를 말한다.

시공능력평가제도: 건설업체의 시공능력을 공사실적, 경영상태, 기술능력, 신인도 등 여러 측면에서 종합적으로 평가해 금액으로 환산한 뒤 이를 공시하는 제도로, 국토교통부가 매년 7월 말에 발표한다. 이러한 시공능력평가액을 기준으로 건설사의 순위를 정한 것을 '시공능력평가 순위(옛 도급순위)'라고 한다.

신속통합기획: 정비계획수립 단계에서 서울시가 공공성과 사업성의 균형을 이룬 가이드라인을 제시하고, 신속한 사업추진을 지원하는 공공지원 계획. 이를 통해 도시계획결정과 사업시행인가가 원활하게 진행된다. 참여를 희망할 경우 해당 자치구에 신청서를 접수하면 자치구는 검토 후 시에 제출하게 된다.

신탁 방식: 부동산 신탁사가 조합으로부터 업무를 위임받아 재개발·재건축을 시행하는 방법.

양도소득세: 토지, 건물 따위를 유상으로 양도해 얻은 소득에 대해 부과하는 조세. 매도 금액에서 취득할 때의 가격과 필요 경비, 양도 소득 공제 및 해당되는 공제 금액을 뺀 나머지에 대해 부과된다.

양생: 콘크리트 치기가 끝난 다음 온도·하중·충격·오손·파손 등의 유해한 영향을 받지 않도록 충분히 보호·관리하는 것을 일컫는 말.

연대보증: 개인이나 기업이 금융기관에서 돈을 빌릴 때 원래 채무자가 빚을 갚지 못할 경우 이 빚을 대신 갚을 제3자를 미리 정해놓는 제도.

예비비: 사업을 진행하면서 뜻하지 않은 추가 비용이 발생할 때를 대비해 별도로 빼놓은 예산이다.

용도구역: 용도지역, 용도지구와 더불어 토지이용을 규제·관리하는 토지이용계획의 대표적인 법적 실행 수단이다. 개발제한구역, 도시자연공원구역, 수산자원보호구역, 시가화 조정구역, 입주규제 최소 구역 등 5개로 나뉜다.

용도지구: 용도지역의 일부 규제를 강화하거나 완화하기 위해 지정된다. 방화·방재지구, 취락지구, 개발진흥지구 등으로 분류된다. 용도지구는 용도지역과 달리 중복으로 지정이 가능하다.

용도지역: 토지를 경제적·효율적으로 이용하고 공공복리를 증진하기 위해 건축물의 용도나 건폐율, 용적률 등을 제한하기 위해 지역별로 가능 용도를 나눠놓은 것을 말한다.

용적률: 대지 면적에 대한 건축물 연면적(하나의 건축물 각 층의 바닥 면적

의 합계)의 비율을 뜻한다.

이주비: 이주비는 조합원이 사업지를 떠나 다른 곳에 거처를 마련할 수 있
도록 빌려주는 자금.

일반분양(공급): 우선공급 대상자 및 특별공급 대상자에 속하지 않는 사람
들을 대상으로 주택을 분양하는 방법.

ㅈ

재산세: 일정한 재산에 대해 부과되는 조세. 재산세는 지방세 중 구세 및
시·군세이며 보통세다.

전매제한: 투기 목적으로 주택을 구입하는 것을 막기 위해 주택이나 그 주
택의 입주자로 선정된 지위 등을 일정 기간 동안 다시 팔 수 없도록 제한
하는 제도.

전문조합관리인제도: 도시정비사업에 익숙하지 않은 일반 조합원이 조합
의 업무를 수행하기에 적절하지 않을 경우나 전문적으로 도시정비사업을
잘 알고 있는 전문가를 조합관리인으로 선정하는 제도. 도시 및 주거환경
정비법 시행령에 따르면 전문조합관리인이란 변호사·회계사·법무사 등
의 자격을 취득한 후 정비사업 관련 업무 5년 이상 종사자, 조합 임원 5년
이상 종사자, 공무원 또는 공공기관 임직원으로 정비사업 관련 업무 5년
이상 종사자 등을 말한다.

전세가율: 주택 매매가 대비 전셋값의 비율.

조정대상지역: 부동산 시장 과열을 막기 위해 정부가 주택법에 근거해 지정하는 지역을 말한다. 주택 가격 상승률이 물가상승률 2배를 뛰어넘거나, 주택 청약 경쟁률이 5대 1 이상인 지역 등이 해당한다. 조정대상지역으로 지정되면 주택담보대출 시 LTV(주택담보대출비율)와 DTI(총부채상환비율)의 제한을 받게 되는 것은 물론 분양권 전매와 1순위 청약 자격 등에서도 규제를 받는다.

종전자산평가: 감정평가를 통해 조합원이 재개발·재건축 이전에 보유하고 있던 토지와 건물의 가치를 매기는 것.

종합부동산세: 부동산 보유 정도에 따라 조세의 부담 비율을 달리 해 납세의 형평성을 재고한 국세. 과세기준일은 매년 6월 1일이다.

주거이전비: 재개발 지역에 거주중인 세입자에게 지급하는 일종의 이전 보상금.

주거전용면적: 각 세대의 현관문을 열고 들어가는 공간부터 실제로 사용할 수 있는 모든 생활공간을 의미한다. 방, 거실, 주방, 화장실 등의 면적이 포함된다.

ㅋ

컨소시엄(Consortium): 건설공사 따위의 수주에서 여러 기업체가 공동으로 참여하는 방식. 또는 그런 모임.

타워형·판상형: 아파트는 구조에 따라 타워형과 판상형으로 나뉜다. 타워형은 탑 모양의 구조를 띠고 있다. 판상형은 일자형으로 배치된 형식이다. 타워형의 경우 Y자처럼 중심부 코어를 기준으로 2개 이상의 가구를 묶어 탑을 쌓듯이 짓는 구조를 말한다. 2~3면이 외부에 개방되어 조망 범위가 넓어지고, 판상형에 비해 개성 있는 디자인을 만들 수 있는 장점이 있다. 그러나 전 세대의 남향 배치가 어려워 환기와 채광이 다소 떨어지는 점은 단점으로 작용한다. 판상형의 경우 남향이 많아 일조량이 좋고 구조적으로 앞뒤가 뚫려 있어 통풍·환기가 잘된다. 하지만 앞에 다른 동이 배치될 경우 조망 확보가 어렵고, 동간 거리에 따라 사생활이나 일조권이 침해될 수 있다.

표준지공시지가: 정부가 전국의 과세 대상이 되는 개별 토지 중 대표성이 있는 토지를 선정하고 조사해 공개적으로 알리는 땅값. 매년 1월 1일을 기준으로 해 표준지의 단위 면적당 가격으로 표시한다.

프로젝트 파이낸싱(Project Financing, PF): 사업주로부터 분리된 프로젝트에 자금을 조달하는 것. 자금조달에 있어서 자금 제공자들은 프로젝트의 현금흐름을 우선 고려해 대출을 결정하고, 프로젝트에 투자한 원금과 그에 대한 수익을 돌려받는 자금구조를 의미한다.

프리미엄(Premium): 분양권과 매도가격 사이의 차액을 말하는 것이다. 프리미엄의 본래 의미는 특정 물건을 얻기 위해 지불하는 정가 이외의 비용을 의미하는 것이지만, 부동산 시장에서 프리미엄은 분양권 혹은 분양가격과 매도가격의 차액을 일컫는다.

ㅎ

현금청산: 아파트를 분양받지 않기로 결정하고 본인이 소유한 토지나 건물에 대한 보상을 현금으로 받는 것.

■ 독자 여러분의 소중한 원고를 기다립니다

메이트북스는 독자 여러분의 소중한 원고를 기다리고 있습니다. 집필을 끝냈거나 집필중인 원고가 있으신 분은 khg0109@hanmail.net으로 원고의 간단한 기획의도와 개요, 연락처 등과 함께 보내주시면 최대한 빨리 검토한 후에 연락드리겠습니다. 머뭇거리지 마시고 언제라도 메이트북스의 문을 두드리시면 반갑게 맞이하겠습니다.

■ 메이트북스 SNS는 보물창고입니다

메이트북스 홈페이지 matebooks.co.kr

홈페이지에 회원가입을 하시면 신속한 도서정보 및
출간도서에는 없는 미공개 원고를 보실 수 있습니다.

메이트북스 유튜브 bit.ly/2qXrcUb

활발하게 업로드되는 저자의 인터뷰, 책 소개 동영상을 통해 책에서는 접할 수 없었던 입체적인 정보들을 경험하실 수 있습니다.

메이트북스 블로그 blog.naver.com/1n1media

1분 전문가 칼럼, 화제의 책, 화제의 동영상 등 독자 여러분을 위해 다양한 콘텐츠를 매일 올리고 있습니다.

메이트북스 네이버 포스트 post.naver.com/1n1media

도서 내용을 재구성해 만든 블로그형, 카드뉴스형 포스트를 통해 유익하고 통찰력 있는 정보들을 경험하실 수 있습니다.

STEP 1. 네이버 검색창 옆의 카메라 모양 아이콘을 누르세요.   STEP 2. 스마트렌즈를 통해 각 QR코드를 스캔하시면 됩니다.
STEP 3. 팝업창을 누르시면 메이트북스의 SNS가 나옵니다.